QUI A TUÉ TOUTANKHAMON ?

JAMES PATTERSON
& MARTIN DUGARD

QUI A TUÉ TOUTANKHAMON?

*Traduit de l'américain
par Maryline Beury*

l'Archipel

Ce livre a été publié sous le titre
The Murder of King Tut
Par Little, Brown and Company, New York, 2009.

www.editionsarchipel.com

Si vous souhaitez recevoir notre catalogue et être tenu au courant de nos publications, envoyez vos nom et adresse, en citant ce livre, aux Éditions de l'Archipel,
34, rue des Bourdonnais 75001 Paris.
Et, pour le Canada, à
Édipresse Inc., 945, avenue Beaumont,
Montréal, Québec, H3N 1W3.

ISBN 978-2-8098-0346-4

Vallée des Rois
1900

C'est une veille de Jour de l'an que l'explorateur Howard Carter, un sombre et bel homme parlant couramment l'arabe, donna l'ordre de commencer à creuser. Ce qu'il ignorait, c'est que la chambre souterraine se trouvait à presque cent mètres de profondeur.

L'atmosphère était saturée d'humidité, et une furieuse envie de fumer l'envahissait. Il ne pouvait se passer de ces sacrées cigarettes. De larges auréoles de sueur marquaient sa chemise blanche sous les aisselles et la poussière recouvrait complètement ses chaussures de chantier. Près de lui, les ouvriers égyptiens, chaussés de simples sandales, se mirent à manier la pelle avec ardeur.

Cela faisait bientôt deux ans que Carter était tombé de son cheval en plein désert, une chute providentielle qui avait changé sa vie. L'atterrissage au milieu des cailloux n'avait pas été des plus agréables, mais il lui avait permis de distinguer une profonde crevasse dans le sol, qui avait tout l'air d'être l'entrée cachée d'un ancien site funéraire.

Dans le plus grand secret et sans perdre de temps, l'égyptologue, alors âgé de seulement vingt-six ans, avait obtenu les permissions nécessaires du gouvernement et engagé une équipe pour entamer les fouilles, comptant ainsi devenir en pleine jeunesse célèbre et riche. Très riche.

De nombreux anciens dignitaires égyptiens avaient été enterrés dans des pyramides de pierre élaborées, mais des siècles de pillage avaient poussé les pharaons qui leur avaient succédé à dissimuler leur tombe sous terre, et non plus en hauteur. Dès lors, d'infinies précautions avaient été prises pour tenir celé le lieu où les défunts monarques étaient momifiés et confinés avec leurs biens terrestres. Peine perdue. Les pilleurs de tombes les débusquaient à tous les coups.

Pourtant, Carter, l'homme aux nœuds papillons, aux pantalons de lin et aux chapeaux Homburg, sentait que ce tombeau constituait une exception. Car les éclats de calcaire savamment disposés dans les tunnels par un ingénieux bâtisseur des temps antiques – méthode aussi simple qu'efficace pour repousser les voleurs – semblaient intacts.

Des mois durant, Carter et ses hommes s'étaient échinés pour extraire ces gravats. Et chaque bloc retiré le confortait dans l'idée qu'une superbe chambre funéraire inviolée l'attendait, cachée au fond du souterrain. Si son intuition était juste, le tombeau regorgerait d'or et de pierres inestimables, et serait l'écrin de la momie d'un pharaon. Howard Carter deviendrait alors fortuné au-delà de tous ses rêves – et Dieu sait s'ils étaient fous.

« Mes hommes en sont à quatre-vingt-dix-sept mètres de profondeur, écrivit-il à Lady Amherst, sa mécène de longue date, et on n'en voit toujours pas le bout. »

En effet, la petite ouverture qu'il venait de découvrir montrait, une fois agrandie, un réseau de tunnels s'enfonçant bien plus profondément encore. Un peu plus loin, une bifurcation menait à une chambre contenant la statue d'un pharaon, plus grande que nature. Mais elle se terminait en cul-de-sac sur un puits rempli de pierre et de débris.

Carter prit tout de même l'initiative peu courante de contacter le consul général d'Angleterre au Caire, afin que celui-ci se préparât au jour mémorable où un tombeau vierge allait être ouvert.

L'explorateur se trouvait maintenant au fond du puits. Devant ses yeux se dressait une porte scellée de plâtre, estampillée de la marque d'un pharaon. L'accès à une chambre funéraire.

Il ordonna à ses hommes de la faire tomber. Pioches et leviers entrèrent en action, et, dans un fracas assourdissant, le puits fut rapidement empli d'un épais nuage de poussière. Carter se saisit de son mouchoir pour se protéger, tout en essayant de sonder le brouillard. Son cœur s'emballa au moment où sa lanterne révéla une pièce. Derrière lui, ses ouvriers tentaient désespérément d'apercevoir quelque chose.

Mais il n'y avait rien à voir.

Le trésor et la momie du pharaon avaient déjà été dérobés.

Palm Beach, Floride
Époque actuelle

— James Patterson à l'appareil. Michael est-il là? J'ai un roman à lui proposer.

Comme on peut l'imaginer, j'adore les bonnes histoires pleines de suspense. C'est la raison pour laquelle j'avais décidé d'appeler Michael Pietsch, mon éditeur chez Little, Brown à New York : je venais de tomber sur un trésor enfoui que j'avais envie de remettre au jour.

En attendant que Michael me prenne en ligne – ce qu'il ne manque jamais de faire, à toute heure du jour ou de la nuit –, je contemplai mon bureau, qui occupe le deuxième étage de notre maison de Floride. *Je suis complètement fou !* pensai-je soudain.

Un autre projet d'écriture était bien la dernière chose au monde dont j'avais besoin. Une nouvelle aventure d'Alex Cross était sur le feu, je préparais un *Women's Murder Club* et un *Maximum Ride* restait à terminer. En tout, une douzaine de manuscrits – dont aucun n'était achevé – étaient étalés sur la surface de ma table, qui encombre presque toute la pièce...

— Je suis vraiment cinglé, tu ne crois pas? demandai-je à Michael quand il décrocha.

C'est un homme calme et apaisant, très intelligent, et un père merveilleux qui sait généralement s'y prendre avec les enfants – tels que moi ! Au fil des années, nous sommes devenus un véritable tandem, ce qui nous a permis d'enchaîner les best-sellers.

— Bien sûr que tu es cinglé, et alors? C'est pour ça que tu me téléphones ?

— J'ai une idée.

— Juste une?

— Michael, celle-là, elle me tient vraiment à cœur. Écoute-moi une minute, OK? Comme tu sais à peu près tout sur tout, tu es probablement au courant qu'une exposition d'objets ayant appartenu à Toutankhamon fait le tour du monde en ce moment. Partout, les gens font la queue pour y assister, les billets sont vendus des semaines à l'avance. Je suis moi-même allé voir l'expo au Metropolitan de New York, et plus récemment à Fort Lauderdale. J'ai observé de mes propres yeux la façon dont Toutankhamon captive les foules – hommes, femmes, enfants, riches ou pauvres, tous ! C'est comme si son histoire faisait revivre en nous l'Égypte ancienne. Il ne s'agit pas seulement des trésors incroyables avec lesquels il a été enterré, de l'art égyptien, ou de la découverte miraculeuse de la chambre funéraire par Howard Carter. Il y a quelque chose de magique dans tout ça, quelque chose d'emblématique. Songe que le nom de Toutankhamon a été rayé des livres d'histoire pendant des milliers d'années, et qu'aujourd'hui il est certainement le plus connu de tous, alors que l'on en sait peu sur lui. Michael, je veux écrire un livre sur Toutankhamon, en mêlant trois époques. Période actuelle : la progression – je l'espère ! – de mes recherches sur l'enfant-roi. Puis cette incroyable découverte de la tombe et des trésors de Toutankhamon par Howard Carter – ce qui mériterait sans doute un livre à part entière. Et un troisième temps sur Toutankhamon lui-même. Tiens, sais-tu par exemple qu'il a épousé sa sœur, et qu'ils étaient très amoureux? Alors, qu'est-ce que tu en dis? Vas-tu m'arrêter en si bon chemin? Vas-tu, pour une fois, me préserver un peu de moi-même?

Le rire communicatif de Michael retentit dans l'écouteur.

— Comment se présente le prochain Alex Cross? me demanda-t-il.

— J'ai de l'avance, c'est comme s'il était terminé. Il devrait te plaire.

— Bon, alors voilà, Jim : comme tout le monde, je suis fasciné par l'Égypte ancienne, les pyramides, la Vallée des Rois, Toutankhamon, Néfertiti, Ramsès et compagnie. Donc, ce que je peux te dire, c'est que cette idée me plaît beaucoup.

À mon tour, je me mis à sourire, puis à rire de soulagement.

— J'en suis vraiment ravi. Laisse-moi juste te dire où je voudrais en venir, même si rien ne m'y oblige. Michael, j'ai le sentiment que Toutankhamon s'est fait assassiner. Et j'espère bien pouvoir le prouver.

Michael s'éclaffa à nouveau, avant de lancer avec bienveillance :

— Vas-y, fonce !

Vallée des Rois
1492 av. J.-C.

— Nous sommes à bonne distance. Arrêtez-vous là !

Les cinq cents prisonniers de guerre interrompirent leur marche sur Thèbes dans une vaste prairie située à trois kilomètres de la ville. Un contingent de gardes du palais gardait un œil sur eux sous le soleil écrasant de midi. Non que cela fût vraiment nécessaire : les pieds des maigres prisonniers étaient en effet entravés par une corde de cuir dont la longueur leur permettait tout juste de claudiquer. De plus, leurs bras étaient attachés dans le dos au niveau des coudes et des poignets. Toute tentative d'évasion était donc vouée à l'échec et aurait donné lieu à des représailles aussi brutales qu'immédiates.

Inéni, le très respecté architecte royal, contemplait la scène avec tristesse. Il connaissait bien ces hommes. Ils venaient de passer cinq longues années ensemble à bâtir un tombeau pour Thoutmosis Ier, dans une vallée très reculée. Leurs nuits s'étaient déroulées sous des cieux constellés d'étoiles et leurs journées dans la chaleur infernale du désert en été. Il arrivait aussi que de vifs coups de froid surprennent les travailleurs dans la vallée.

Plus d'un millénaire s'était écoulé depuis que Khéops avait fait construire sa grande pyramide sur le

Nil, à Gizeh. Et il y avait mille ans qu'aucun pharaon n'avait plus fait ériger un tel édifice. En dépit de leur magnificence et de la terreur qu'elles inspiraient, les pyramides s'étaient révélées d'irrésistibles tentations pour les pilleurs de tombes et voleurs en tout genre. Aucune d'entre elles n'avait été épargnée. Aucune.

Mais l'astucieux Inéni pensait avoir trouvé la solution à ce problème. Grâce à la force de travail de ces prisonniers, il avait fait creuser une sépulture secrète pour Thoutmosis Ier. Le vieux pharaon était malade et probablement proche de la mort. Les travaux s'achevaient donc au bon moment.

Loin d'être une grotte de fortune, le tombeau était constitué de plusieurs tunnels, de corridors et d'une demi-douzaine de pièces. Le sarcophage de pierre du pharaon résiderait précisément en son centre, dans la plus grande et la plus luxueuse des chambres.

Il est vrai qu'une tombe souterraine n'a pas la majesté d'une pyramide pointant vers le ciel, songeait Inéni en essuyant une goutte de sueur qui perlait à son front. Mais elle possédait bon nombre d'avantages non négligeables. Les murs y étaient doux au toucher et recouverts de peintures extrêmement vivantes relatant l'existence du pharaon – celle qu'il venait de vivre, et l'autre, glorieuse, dans laquelle il s'apprêtait à entrer et où nul ne viendrait le déranger. En espérant qu'il en serait ainsi pour l'éternité. C'est ce que pensaient la plupart des Égyptiens.

Le concept plaisait tellement à Inéni qu'il avait entamé la construction d'une sépulture similaire pour sa propre future dépouille. « J'ai dirigé tous les travaux du tombeau de Sa Majesté », avait-il choisi d'écrire sur les murs de sa chambre funéraire. Telle était la façon pour l'architecte de continuer à vanter ses mérites dans le monde d'après. « Seul, sans personne pour voir ou pour entendre. »

Il n'avait pourtant pas réalisé tout cela seul. Les prisonniers y étaient pour beaucoup. Des Hittites et des Nubiens, pour la plupart. Petit à petit, une proximité s'était installée entre eux. Il les avait entendus parler de leurs femmes et de leurs enfants, et savait qu'ils chérissaient leurs familles avec la même passion que celle qu'il ressentait pour la sienne. Certains d'entre eux étaient même devenus ses amis.

Après que le tombeau de Thoutmosis Ier avait été scellé et son entrée dissimulée sous la pierre, il avait déplacé ses hommes loin de l'emplacement secret – ce lieu qui porterait un jour le nom de Vallée des Rois, puisque de nombreux pharaons allaient ensuite choisir de réitérer l'astuce architecturale d'Inéni, dans l'espoir de s'assurer un *véritable* repos éternel.

Inéni passa en revue les visages des prisonniers. Ils connaissaient l'emplacement de la dernière demeure du pharaon, et l'on ne pouvait fermer les yeux à ce sujet. L'architecte se détourna des hommes et s'adressa à ses gardes :

— Faites ce qui doit être fait. Vite et bien. Ils méritent notre respect.

Ainsi commença le massacre sanglant des prisonniers. En entendant leurs cris s'élever jusqu'au ciel, Inéni souhaita bénéficier de l'approbation des nombreux dieux d'Égypte pour cette difficile mais nécessaire décision.

Thèbes
1357 av. J.-C.

Aménophis le Magnifique avala cul sec un nouveau verre de vin rouge avant de pénétrer d'un pas traînant dans la salle du trône inondée de lumière.

Ce pharaon, autrefois mince et musclé, avait été un guerrier redouté dans tout le monde connu. On lui prêtait également des relations sexuelles avec plus de cinq cents consorts et concubines.

Il était désormais « prospère », ce qui était une façon polie de dire que son embonpoint le précédait largement partout où il allait.

— Ce vin finira par te faire grossir, lui susurra Tiyi, à la fois sa reine et son épouse favorite – peut-être parce qu'ils partageaient le même sens de l'humour.

— Trop tard, marmonna Aménophis. Une bonne douzaine d'années trop tard.

Tout juste rentrée d'une matinée de bateau, Tiyi était arrivée sans fanfare par le grand hall, ses sandales claquant légèrement sur le sol carrelé. La reine avait les lèvres charnues, une poitrine généreuse, et était vêtue d'une robe de lin blanc mettant en valeur la finesse de sa taille.

Tous deux savaient pourquoi elle était venue le voir en ce jour.

— Pharaon, dit-elle en se tenant à son côté, nous devons parler. Cette fois, tu dois entendre l'avis d'une femme, mon amour. Tu le dois.

Mais Aménophis feignit d'ignorer la reine. Il songeait à passer un tampon d'opium sur son abcès dentaire, afin d'atténuer un peu la douleur. Ensuite, peut-être une petite sieste avant le dîner? Non, d'abord une visite à la charmante Resi, au harem. Quelques ébats à cette heure de l'après-midi favoriseraient sa sieste. Resi avait encore plus de poitrine que Tiyi, et elle était meilleure amante.

Le simple fait de penser à sa créature réjouit le ventre d'Aménophis. À Memphis, capitale du nord de son royaume, les bureaucrates le harcelaient constamment avec des rapports sur les dernières récoltes ou des prévisions d'impôts. Des réunions, encore et toujours, toute la journée. L'Égypte avait certes besoin d'administrateurs de ce genre, sans lesquels le pays ne serait qu'une misérable zone de non-droit. Mais, après trente ans de pouvoir, Aménophis souhaitait une pause. C'est pourquoi il préférait tant Thèbes à Memphis.

Une seule journée de voyage sur le Nil les séparait, mais les deux villes étaient si différentes qu'on eût pu les croire appartenir à deux pays distincts. À Thèbes, pharaon pouvait se prélasser au soleil pendant des heures, buvant du vin et honorant la totalité de son harem – une douzaine de pures beautés sélectionnées par ses propres soins – sans la moindre interruption. Il y prenait le temps de penser et de rêver. Il n'y avait à répondre à personne d'autre qu'à sa femme.

Aménophis leva les yeux vers Tiyi.

— Je ne suis qu'un vieux pharaon obèse qui ne sait plus diriger son royaume. C'est ce que tu veux me dire? Que je suis le roi des putains, un homme à la conscience perdue? C'est ça que je suis, hein? Dis-le!

Tiyi retint sa langue. De nombreuses façons, elle aimait ce vieil homme ventripotent, qui était aussi une divinité. Mais Aménophis était désormais mourant. Des décisions devaient être prises avant qu'il ne soit trop tard. Pour l'Égypte. Et pour sa reine.

— D'accord, soupira-t-il. Parlons. De quoi s'agit-il?

Thèbes
1357 av. J.-C.

— C'est l'avenir de l'Égypte qui est en jeu. Tu le sais. Tu dois agir en conséquence.

— Jamais je ne partagerai le pouvoir avec ce... cet accident! tonna le pharaon.

Aménophis reprenait quelque peu ses esprits après son excès de vin, et le palais tremblait maintenant sous ses cris. Il avait beau être seul avec Tiyi, l'ensemble du personnel, des gardes postés à chaque porte jusqu'aux servantes chargées de lustrer le carrelage du grand hall, était au courant de la querelle. Ces petites gens ne tarderaient pas à rapporter la chose à leurs amis et à leur famille. Et tout Thèbes connaîtrait bientôt les détails de la royale dispute.

— Tu parles d'un *enfant*, fruit de notre passion de l'époque. Peut-être pharaon consentirait-il à m'expliquer ce que cela peut avoir d'accidentel.

— Je ne regrette pas cet acte d'amour, seulement son résultat. Il ne sera pas corégent, je ne pourrais pas le supporter. Ce n'est qu'un gamin pleurnichard.

Tiyi eut un petit sourire ironique.

— Nous savons aussi bien l'un que l'autre qu'il te succédera un jour.

— C'est ce que tu espères, n'est-ce pas? Ma reine ne peut-elle admettre que c'est pour des raisons purement égoïstes qu'elle veut élever ce garçon au rang de corégent?

— La reine n'admet rien de ce genre. La reine désire ce qu'il y a de mieux pour l'Égypte. Je suppose qu'au fond de toi, tu souhaites tout de même porter ton fils au pouvoir, armé qu'il sera de ta sagesse si longuement et durement acquise?

Tu perdras tout si quelqu'un d'autre me succède, songea Aménophis dans un moment de cynisme. *Alors ne viens pas me dire ce qui est bon pour l'Égypte. As-tu affronté la soif et les déserts brûlants pour mener bataille contre les Hittites? As-tu senti le parfum des forêts de cèdres de Byblos? Tu portes l'or et le lapis-lazuli rapportés des terres que j'ai conquises, mais tu ne sais rien du monde par-delà les portes de Thèbes.*

— Ses mains lui pendent jusqu'aux genoux et sa tête est aussi longue que celle d'un cheval, railla-t-il. Il n'a pas suffisamment de force pour manier l'épée. Tout ce qu'il a de muscles se trouve dans sa tête. Être pharaon, c'est également incarner un dieu de chair. Ce garçon est un raté.

— Il est né pour diriger notre peuple. Il sait conduire un char aussi bien que n'importe qui, s'insurgea Tiyi. Et surtout, il est intelligent et très cultivé.

Le pharaon émit un grognement. La simple vue de son fils – également nommé Aménophis – aux rênes d'un char le faisait mourir de rire. C'était un miracle que cet imbécile ne se soit pas encore fait piétiner à mort par son attelage.

— Conduire un char dans un champ de blé est une chose. Charger dans une bataille en est une autre.

Aménophis fut soudain saisi d'un léger vertige. L'opium avait cessé d'agir, et la douleur redevenait intolérable. Il lui fallait du vin. Et le sein de Resi dans sa bouche.

Ignorant le gobelet, il leva le pichet à ses lèvres. Le liquide couleur rubis coula sur le bas de son visage et sur son cou épais avant de ruisseler sur son collier jusqu'à la peau cuivrée de son ventre. Il se fixa sur le pagne blanc noué autour de sa taille en une tache rouge qu'on eût dit faite de sang.

Le pharaon se laissa tomber à la renverse au milieu des coussins. Signe entendu qu'il battait en retraite.

Tiyi demeura près de lui pour clore la discussion. Le soleil emplissait la pièce d'une lumière si vive que les crocodiles et les cobras ornant les murs semblaient prendre vie.

— Cela doit être fait, pharaon. Et très vite.

— Ils ont presque terminé la décoration de ma chambre funéraire, murmura-t-il en réponse.

Il tendit le bras vers une assiette pleine de pain au miel et aux dattes, inconscient du fait que les graines contenues dans son dessert favori étaient la cause de son problème. Dans chaque bouchée se trouvait en effet une infime quantité de sable. D'année en année, bouchée après bouchée, ce sable avait endommagé l'émail de ses dents, provoquant une énorme carie et l'infection conséquente qui précipitait maintenant la fin de ses jours.

Tiyi lui tendit un autre gobelet rempli à ras bord et resta immobile tandis qu'Aménophis faisait descendre le pain avec une bonne lampée de vin. Sereine comme le Sphinx, elle attendait patiemment que son époux se plie à sa volonté.

— Thoutmosis aurait été un grand pharaon, dit-il avec mélancolie.

— Ce fils-là arpente désormais les sentiers de l'au-delà, répliqua-t-elle froidement.

Aménophis approuva tristement. Leur aîné, son bien-aimé, son préféré, était mort. Bientôt, il le rejoindrait. L'Égypte aurait alors besoin d'un nouveau pharaon. Et le seul moyen d'en contrôler le choix était de le faire lui-même.

— Fais venir l'accident! rugit-il soudain. Bien sûr qu'il sera pharaon. Mais honte à moi de laisser l'Égypte entre ses mains. Honte à nous deux!

Swaffham, Angleterre
1887

— Howard, c'est toi qui es là ? Qu'est-ce que tu fabriques ? demanda Lord Amherst en ouvrant les portes de la bibliothèque. Tout ce qu'il y a ici est absolument irremplaçable, je te l'ai déjà dit. Tu es vraiment têtu.

Du haut de ses treize ans, Howard Carter dévisagea le Lord. Pris la main dans le sac ! On lui avait pourtant répété maintes et maintes fois de ne pas s'aventurer dans cette pièce. Cet enfant se révélait incroyablement entêté.

La journée était déjà bien entamée. À cette heure-ci, il aurait dû être en train d'aider son père, occupé à peindre la dernière commande de Lord Amherst. À la faveur d'un moment d'ennui, l'adolescent s'était esquivé pour se glisser dans la pièce la plus imposante et la plus interdite de Didlington : la bibliothèque.

Il ne pouvait s'en empêcher. L'endroit était totalement fascinant. De saisissantes statues de pierre, des exemplaires uniques importés directement des sables d'Égypte rendaient le silence de la pièce plus dense encore. Leur contemplation embarquait littéralement Carter dans l'histoire du monde antique.

La bibliothèque se trouvait à Didlington Hall, une magnifique forteresse située à une douzaine de kilomètres au sud de Swaffham. C'était le domaine de Lord Amherst, membre du Parlement et adepte des coiffures de dandy à la Oscar Wilde. Presque trois cents hectares de terre et quelque seize fermes entouraient l'imposante demeure. On y voyait également un superbe lac, un paddock, une fauconnerie, un hangar à bateaux, et une salle de bal qui accueillait le gratin de la société depuis plus d'un siècle.

Mais c'était la bibliothèque qu'Howard Carter aimait par-dessus tout. En dépit de toutes les recommandations contraires, il y retournait sans cesse.

Par chance, Lord Amherst était un homme fort aimable qui avait eu cinq filles ; Carter n'était pas loin de représenter pour lui le fils qu'il n'avait pas eu. Il lui semblait parfois retrouver en cet enfant élancé, à la mâchoire forte et volontaire, une curiosité innée et inébranlable qui leur était commune. Tous deux attendaient, ou plutôt exigeaient que la vie leur fournisse des réponses à ce qui les avait précédés. Ils étaient littéralement obsédés par les temps anciens.

C'est pourquoi, plutôt que de congédier sur-le-champ l'adolescent de la bibliothèque, Lord Amherst décida de l'accompagner dans la pièce lambrissée, et de lui expliquer patiemment le sens des ouvrages les plus importants.

Il détenait, par exemple, une collection inestimable de bibles, dont un certain nombre écrites des siècles auparavant. Un rayon entier était consacré aux livres publiés peu après l'invention de l'imprimerie. On les appelait les incunables, comme le précisa Amherst. Certains livres possédaient des reliures très originales, d'autres constituaient la toute première édition d'un auteur célèbre, etc.

Et puis, il y avait la collection égyptienne. Non content d'accumuler tome après tome toute l'histoire connue de l'Égypte antique, Lord Amherst avait peu à peu décoré sa bibliothèque de reliques égyptiennes, jusqu'à l'obsession. Les plus grandes de ces statues dépassaient la taille d'un homme et donnaient l'impression d'être les sentinelles veillant sur tous ces rayonnages surchargés, non loin des lampes à pétrole. On dénombrait également des douzaines de modèles plus petits, ainsi que quelques textes sur papyrus d'une grande rareté, protégés des assauts potentiels de mains humaines – comme celles d'Howard – par un cadre scellé de verre. Cela faisait environ vingt ans qu'Amherst avait acquis cette collection auprès d'un prêtre allemand, et il l'enrichissait chaque année davantage.

— Ce n'est pas seulement la plus grande collection d'égyptologie de toute la Grande-Bretagne, avait-il expliqué au jeune garçon. C'est surtout la plus grande joie de ma vie.

— Et la mienne aussi, lui avait répondu Carter.

Leur petit tour s'acheva par l'annonce d'un changement historique : Lord Amherst offrait à son protégé l'accès libre et illimité à sa collection. Qu'importe qu'une maladresse ait pu causer la chute d'une statue valant des milliers de livres sterling. En lui racontant les mystères de la culture des Égyptiens, avec leur étrange alphabet, leur croyance dans l'au-delà et leurs incroyables chambres funéraires, Amherst avait vu le feu de la passion briller dans les yeux de Carter.

Il encouragea donc le garçon à s'immerger dans l'égyptologie. Et c'est précisément ce que fit Carter. Jusqu'à sa mort.

Swaffham, Angleterre
1891

C'était le mois de mai en Angleterre. Howard Carter, alors âgé de dix-sept ans, remontait rapidement Watteau Walk en direction des six colonnes blanches marquant l'entrée sud de Didlington Hall.

L'air avait beau embaumer l'herbe fraîche, le pas du jeune homme était empreint d'un certain trouble. Comme durant tant d'autres journées, il avait dessiné les animaux de la maison. C'était une façon de vivre qui n'était ni valeureuse, ni excitante, mais il ne savait guère faire autre chose et n'avait reçu que peu d'éducation formelle. Il avait certes continué à être traité par les Amherst comme un membre de leur famille, mais malgré les grands airs qu'il arborait lorsqu'il côtoyait la noblesse, et l'accueil que lui réservait toujours Lord Amherst quand il voulait passer des heures dans sa bibliothèque, Carter était condamné à vivre une vie aux revenus et au prestige modestes.

Il devait simplement accepter l'idée de devenir un anonyme qui n'accomplirait rien de particulier au cours de son existence. Et cela l'irritait. Terriblement.

Swaffham, Angleterre
1891

Le jeune homme avait quitté l'humidité en pénétrant dans l'agréable entrée de Didlington Hall. Un changement de décor fort appréciable. Le vaste espace était agrémenté de toiles onéreuses et autres œuvres d'art. Des tableaux recouvraient tous les murs, certains datant du XIe siècle.

Le maître d'hôtel accompagna Carter à la bibliothèque. Lady Amherst s'y trouvait déjà, avec sa fille cadette Alicia, qui venait d'avoir vingt-cinq ans. Elles accueillirent Carter chaleureusement avant de lui présenter un affable étranger qui espérait vraisemblablement obtenir les faveurs d'Alicia. Cela ne plut guère au jeune Howard, bien qu'il n'eût aucune vue sur elle.

L'étranger était un jeune homme fluet d'une vingtaine d'années : Percy Newberry. Sa peau était hâlée par de longues heures au soleil, et son visage à demi couvert par une énorme moustache.

Carter apprit que Newberry était un égyptologue intéressé par le cœur d'Alicia et le carnet d'adresses de Lady Amherst. Il revenait tout juste d'un voyage qui, de novembre à avril, lui avait permis d'arpenter le Nil en se concentrant particulièrement sur un site nommé Beni Hassan.

Lady Amherst, qui avait toujours adoré Carter, semblait ravie que les deux hommes se rencontrent, même si celui-ci ne voyait pas bien pourquoi.

Il s'assit cependant et commença à écouter Newberry relater ses incroyables journées près du Nil. Le jeune homme raconta les fouilles des tombeaux dès les premières lueurs du jour, ininterrompues jusqu'au repas du soir, puis comment, à la nuit tombée, il se consacrait encore pendant des heures à l'étude et aux discussions avec ses pairs. Il en parlait avec toute la fougue que lui donnait la passion de son travail. Carter l'apprécia instantanément.

Il s'avéra également que Newberry possédait des connaissances en botanique – chose quelque peu étonnante pour un homme qui passait le plus clair de son temps en milieu aride. Carter se souvint alors qu'Alicia était elle-même passionnée par cette science. Ceci expliquait cela.

Le British Museum avait chargé l'expédition de Newberry de réaliser des croquis en couleurs des hiéroglyphes dans les tombes des pharaons, avant que ceux-ci ne s'estompent puis disparaissent à tout jamais – fait courant lorsque des fresques anciennes se retrouvent exposées à l'air libre et à la présence humaine. La tâche était monumentale.

Il y avait plus de mille mètres carrés de peintures murales à consigner de la sorte.

Au début, le travail se passait bien. Mais les relations entre Newberry et son dessinateur s'étaient vite dégradées. Il était désormais de retour pour lever les fonds de sa prochaine expédition en Égypte, et pour trouver un nouveau dessinateur. La mission nécessitait des talents en peinture et en dessin, ainsi qu'une bonne connaissance de l'Égypte.

Il devint vite évident que la personne idéale était Howard Carter.

Alexandrie, Égypte
1891

Si ce n'était ce fichu mal de mer, Carter aurait explosé d'excitation. Bon sang, il était à Alexandrie, en Égypte ! Il tenta de se prémunir du roulis du bateau à vapeur en se stabilisant, et scruta avidement les quais, cherchant Percy Newberry du regard.

Le navire venait d'arriver à l'antique port marqué du nom d'Alexandre le Grand, l'homme responsable de la chute des grands empires égyptiens. Certains disaient que la ville était la porte de l'Afrique. D'autres l'appelaient le carrefour des mondes. Pour le jeune homme de dix-sept ans qui débarquait là, c'était tout simplement l'endroit où la vie pour laquelle il était fait débutait.

D'abord, il fallait trouver Percy Newberry. C'était bien lui qui avait sauvé Carter de ses dessins animaliers à Didlington Hall, en l'invitant à prendre le premier train pour le British Museum afin qu'il fût tout à fait au point au moment de commencer les croquis sur un site archéologique.

Percy avait ensuite devancé son nouveau dessinateur en partant pour l'Égypte. Aujourd'hui, il devait être là, à l'attendre, sur ce quai.

Quelque part, oui… Mais où ?

Carter était mince, avec des épaules et une mâchoire carrées au-dessus de laquelle naissaient les premiers poils de la moustache broussailleuse qu'il arborerait pendant les quatre décennies suivantes.

L'air était brûlant, comme devant la porte d'un four, et il pouvait sentir la chaleur du pont à travers les semelles de ses chaussures.

Ses vêtements étaient prévus pour un octobre anglais, et non égyptien. Il aurait volontiers troqué son costume et sa cravate contre l'une des simples tenues blanches que portaient les hommes travaillant sur les quais. Aucun d'entre eux n'avait l'air gêné par la température.

Carter plissa les yeux dans la pâle lumière du soleil, passant la foule en revue dans l'espoir d'un signe de Newberry. Mais il n'y avait pas l'ombre d'un Anglais dans ce mélange de Maures à demi nus, de Turcs, de Nubiens et d'Égyptiens. Pas le moindre canotier de paille – typique de son patron – en vue.

Où diable te trouves-tu, Percy?

Carter sonda l'horizon. Il repéra le phare qui émergeait de l'océan depuis des siècles, et, plus loin, la priapique colonne de Pompée, surplombant Alexandrie comme une bonne vieille blague laissée là par les Romains.

Il vérifia de nouveau qu'il avait tout ce qu'il lui fallait pour débarquer, mais sa liste était brève: cahiers de dessin, carnets de notes, valise.

Les ancres tombèrent à l'eau dans un fracas évoquant une rafale de coups de feu. Immédiatement, une horde de dockers se hissa à bord du navire.

Tentant de se frayer un chemin dans la foule pour approcher la passerelle qui venait d'être jetée entre le bateau et le bord du quai, Carter manqua de peu de se faire renverser et de tomber à l'eau. Il sauta finalement dans une barque où attendait un homme du pays. L'état de ses épaules témoignait de longues années passées à ramer pour transporter les voyageurs des bateaux jusqu'à la terre ferme.

Carter paya l'homme et posa le pied sur le quai de pierre. Percy Newberry apparut alors devant lui, resplendissant sous son panama, un immense sourire aux lèvres.

— Où étiez-vous ? osa-t-il se plaindre à son nouveau patron. En ce qui me concerne, je suis toujours à l'heure, et efficace avec ça !

Percy Newberry se mit à rire.

— Eh bien, essayez donc de garder ces bonnes habitudes. Bienvenue en Égypte, Carter !

L'aventure égyptienne d'Howard Carter allait commencer. Il l'ignorait encore, mais un enfant venait de débarquer pour découvrir l'enfant-roi.

Beni Hassan
1891

C'est dans un tombeau que Carter s'éveilla. Il avait hâte de commencer à travailler, malgré l'obscurité et cette sorte d'odeur de mort réchauffée qui régnait dans la petite pièce.

Le sol de l'espace funéraire était constitué de pierres gravées et recouvert d'une fine couche de sable. Des chauves-souris étaient suspendues au plafond. Leurs petits cris aigus mêlés au bruissement de leurs ailes créaient un son qui pouvait évoquer l'étrange présence de l'âme des anciens défunts.

Newberry était couché non loin de son dessinateur. Ils étaient arrivés après la tombée de la nuit, et, n'ayant pas d'autre lieu où dormir, avaient décidé de s'installer dans le sépulcre. Pour son premier jour en tant qu'égyptologue, Carter n'aurait pu rêver meilleure atmosphère.

D'Alexandrie, Carter et Newberry avaient pris le train pour Le Caire, où ils avaient passé une semaine en compagnie de Flinders Petrie. Tout comme Lord Amherst, Newberry avait fait appel au « maître » des fouilles en Égypte, pour ses années d'expérience dans les tombeaux de la région.

Ces quelques jours dans la métropole égyptienne avaient été très stimulants, mais il fut vite temps de reprendre la route, et les deux hommes prirent la direction du sud en quittant Le Caire.

La voie ferrée longeait le Nil, mais, dès la sortie du Caire, les paysages verdoyants et luxuriants du trajet à travers le delta depuis Alexandrie cédèrent la place à un panorama stérile et désolé. Si la crue annuelle permettait à une mince bande de verdure de se maintenir de chaque côté du fleuve, l'impression d'être cerné par le désert demeurait par ailleurs totale.

Après avoir parcouru deux cents kilomètres, ils descendirent à la gare d'Abou Korkas, où ils louèrent des ânes – une monture pour chacun, et un troisième pour leurs bagages. Les longues années de Carter à la ferme lui permirent de monter l'animal avec une aisance immédiate.

— Regardez-moi, recommanda-t-il à Percy Newberry. Faites comme moi et tout ira bien.

Un sentier aride et rocheux se substitua bientôt à la terre noire et fertile des abords du fleuve. Le soleil déclinait, et les deux hommes savaient qu'ils avaient peu de chance d'atteindre les tombeaux avant la tombée de la nuit. Ce qui fut avéré.

La piste qu'ils suivaient se faisait de plus en plus escarpée, étroite et accidentée. Ils rejoignirent enfin les tombeaux, qui leur fournirent un abri appréciable contre le vent et le froid de la nuit. En l'absence de toute autre forme de refuge et de tout dispositif de sécurité, ils décidèrent donc simplement de s'y installer pour passer la nuit.

Le petit jour pointait maintenant tout juste. Carter se glissa dehors pour voir à quoi ressemblait le désert d'Égypte à l'aube. Il ne fut pas déçu.

« La vue était à couper le souffle, écrirait-il plus tard dans son style d'écolier. La vallée du Nil scintillait doucement et à perte de vue dans la lumière du matin, la bordure fauve du désert contrastant harmonieusement avec la plaine fertile. »

Le pays où il se trouvait n'aurait pu être plus différent des verts pâturages de Swaffham. Mais Howard Carter se sentait enfin chez lui.

Thèbes
1347 av. J.-C.

La folle clameur de la foule transperçait les épais murs de pierre du temple, les ébranlant jusqu'aux fondations. Un chaos total et déconcertant régnait dans les rues de Thèbes : bruits assourdissants, spectacle d'hommes et de femmes copulant bestialement dans les allées, insensibles à la puanteur ambiante où se mélangeaient des odeurs d'urine rance, de poussière et de vomi d'alcool.

C'était la fête Sed à Thèbes, un moment où toute l'Égypte célébrait l'immortalité du pharaon. Mais les véritables événements se déroulaient surtout de l'autre côté de ces murs sacrés.

À l'intérieur du temple de Karnak, la reine Néfertiti ne prêtait aucune attention au bruit des masses. Élancée, le crâne rasé, ce concentré de génie et de sexualité brute avait le don de soumettre les hommes par sa seule présence. D'ailleurs, son nom ne signifiait-il pas « la belle est venue » ? Néfertiti était également renommée pour son calme. Mais, en cet instant précis, elle était prise d'une furieuse envie de gifler quelqu'un.

Serait-ce son froussard de mari ou cet idiot de sculpteur à la barbe de paysan, qui passait des heures et des heures sur un dessin des plus basiques ? Elle hésitait encore.

Finalement, Néfertiti s'installa sur son trône et tenta de regarder son mari avec les yeux du sculpteur. À un peu plus de vingt ans, Aménophis IV était au faîte de son pouvoir et de sa virilité. Hélas, ses lèvres étaient minces, sa poitrine développée comme celle d'une femme, ses dents protubérantes, et ses mains paraissaient de grandes araignées. Que dire enfin de ses oreilles? On n'eût pu en imaginer de plus démesurées.

Pourtant, à sa façon, elle l'aimait. Toute sa vie, son mari avait ressemblé à une sorte de monstre. Mais il était *son* monstre, et il se trouvait que ce monstre était aussi le pharaon. Ce qui faisait d'elle une reine.

Et quelle reine! Elle effectuait les rituels sacrés autrefois réservés exclusivement aux pharaons, arborait fréquemment la perruque nubienne portée uniquement par les hommes avant elle, conduisait elle-même son propre char, et aussi adroitement qu'un représentant du sexe fort.

L'Égypte avait toujours traité les femmes avec plus d'égards que les autres civilisations antiques, rendant ainsi tout cela possible. Elles y possédaient le droit de faire des affaires, d'être propriétaires, de s'exprimer lors des litiges ou de suivre des études et de devenir médecin. Certaines étaient même devenues pharaon. Des femmes de la trempe de Néfertiti pouvaient donc aisément prendre le contrôle sur un époux trop faible.

— Tu es beau comme un dieu, le flatta Néfertiti, se sentant personnellement bien plus radieuse.

Une fine robe blanche, une couronne de fleurs et plusieurs inestimables amulettes d'or ornant ses bras conféraient en effet à sa beauté naturelle encore plus de rayonnement.

Elle était maquillée de la même manière que son époux, mais le résultat était autrement plus seyant sur elle que sur lui.

— Mais je *suis* un dieu! s'esclaffa Aménophis.

C'était leur petite plaisanterie préférée.

— Est-ce vraiment si difficile de me représenter tel que je suis? aboya-t-il soudain en direction de l'artiste.

Il avait peu d'expérience en tant que pharaon, et n'avait pas encore compris qu'élever la voix était un signe de faiblesse. Son père, Aménophis le Magnifique, était mort d'une douloureuse infection de la bouche, et le fils n'avait eu que peu de temps pour officier comme corégent à ses côtés.

Il se figea brusquement pour essayer de chasser l'abeille qui venait de se poser sur sa poitrine rasée, mais il rata son coup. Néfertiti se leva alors et balaya l'insecte d'un geste avant qu'il ne le pique, puis elle prit la main de son mari. Il lui apparaissait décidément comme bien trop humain en ce jour où l'Égypte était censée se réjouir de son immortalité.

C'était un vrai problème. Car le pharaon devrait bientôt prouver qu'il était au-dessus du monde des mortels en lançant son char directement au travers des masses grouillantes de l'extérieur. Même dans les meilleures conditions, l'exercice était très risqué et pouvait aisément mal finir, ce qui serait un vrai désastre pour le jeune pharaon.

Les occupants du palais savaient bien qu'Aménophis était un piètre conducteur de char. Cette course à l'immortalité pourrait bien devenir suicidaire pour lui. Mais si par miracle il s'en sortait, sa légitimité sur le trône d'Égypte ne serait plus discutée. De même pour sa virilité. Qu'il relève une seule fois ce défi contre la mort, et Aménophis IV aurait publiquement assis son pouvoir. L'Égypte tiendrait alors la preuve qu'il était l'unique et véritable pharaon.

Mais au moindre incident – s'il était éjecté, s'il lâchait les rênes et allait s'écraser dans la foule, si une roue se cassait et le char devenait incontrôlable –, il serait évident que cet homme à l'étrange physique n'était pas un dieu vivant. Et si un pharaon n'était pas de nature divine, les grands prêtres du temple se hâteraient de trouver quelqu'un pour le remplacer.

Peut-être même le tueraient-ils, et sa reine avec lui.

— Eh bien, comment te sens-tu? susurra Néfertiti. Sache que tu as toute ma confiance, mon seigneur.

— Tu mens si joliment, lui répondit le pharaon dans un sourire un peu triste.

— Combien de temps cela va-t-il encore durer? se mit-elle à hurler vers le sculpteur.

— Au moins trente minutes.

L'imperturbable petit homme froissa une feuille de papyrus pour recommencer à zéro.

— Vous en avez dix.

— Mais, ma reine…

— Pas une seconde de plus.

— Je ferai de mon mieux, répliqua le sculpteur avec une pointe de sarcasme.

Néfertiti afficha petit sourire de crocodile, et nota dans un coin de sa tête de penser à faire tuer ce prétendu artiste dès que la statue serait terminée.

Thèbes
1347 av. J.-C.

Mielleux et pomponnés, les prêtres entrèrent en file indienne dans la salle du temple dès que le sculpteur quitta les lieux. Ils semblaient aussi hautains que les fameux chats abyssins de la reine. Néfertiti n'avait que mépris pour leur pouvoir et pour la façon dont ils utilisaient la religion pour se rendre indispensables et s'enrichir. Le grand prêtre Ptahmose était en effet l'un des hommes les plus riches et les plus redoutés de tout Thèbes.

— Où, ensuite? demanda Aménophis IV au vieux Ptahmose, en enfilant de nouveau sa cape de cérémonie de Sed.

Les prêtres essayaient de déterminer l'emploi du temps du pharaon pour l'importante soirée de fête qui s'annonçait.

— Le temple de Wepwawet nous attend, sire. Nous devons appliquer l'onguent sacré sur l'étendard.

— Je n'honore pas ce dieu, déclara Aménophis. Wepwawet ne représente rien pour moi.

Les prêtres faillirent s'étrangler devant une telle hérésie. Même Néfertiti se sentit choquée, bien qu'elle pensât de même en son for intérieur. L'Égypte était la terre de nombreux dieux, et tous devaient être adorés, ainsi que la loi l'indiquait.

Aménophis lui prit la main avant qu'elle eût le temps d'intervenir avec plus de diplomatie, et l'attira dans l'agréable corridor de pierre situé du côté de la rue.

— Je sais ce que je fais ! lui glissa-t-il alors que la clameur populaire enflait jusqu'à emplir tout l'espace.

Le pharaon et son épouse pénétrèrent alors dans une arrière-tribune où ils pouvaient voir la masse compacte du peuple sans en être vus. Le spectacle de ces individus déchaînés impressionna Néfertiti.

— C'est pour toi qu'ils sont là, dit-elle. Ils sont comme moi : ils t'aiment.

Riches et pauvres, scribes, chirurgiens et paysans avaient accouru de toute l'Égypte. Ils avaient frissonné de plaisir quand leur pharaon avait observé le recensement du bétail, au petit matin. La foule était plus dense encore pour le voir revêtir la cape de Sed à midi, il y avait déjà six heures de cela. Ils étaient désormais des dizaines de milliers. L'excès de soleil et de bière avait transformé leur enthousiasme en impatience. Artisans, fermiers, commerçants et esclaves chantaient maintenant à l'unisson : ils voulaient voir leur pharaon se lancer dans la course de char.

Comment pouvait-il échouer… s'il était de nature divine ?

Thèbes
1347 av. J.-C.

Néfertiti posa son regard sur son mari, s'attendant à le voir frémir. Il dégageait au contraire une impression de sérénité.

— Quand cela sera fait, j'apposerai mon sceau sur toute l'Égypte, déclara-t-il. Et cette bande de bouffons pompeux n'aura plus ses entrées au temple.

— Est-ce des prêtres dont tu parles ainsi? murmura Néfertiti.

Elle avait peu de respect pour ces hommes, mais se serait bien gardée de s'exprimer de la sorte. Qu'arrivait-il à son mari? Se permettait-il de parler ainsi parce qu'il avait la conviction qu'il allait mourir dans un accident de char?

— Tu as bien entendu. Ils n'auront bientôt plus un mot à dire sur la façon dont je régis mon royaume. Dès demain, Ptah, Amon, Rê-harakhty et tous ces autres dieux ridicules seront bannis.

— C'est de l'hérésie totale! s'indigna Néfertiti, qui commençait à se sentir mal.

Aménophis était-il en train de devenir fou? Ou était-ce sa terreur qui s'exprimait maintenant?

— Nous adorerons Aton, et Aton seul.

Il était le dieu du soleil.

— Les prêtres sont-ils au courant? Certains d'entre eux, au moins? Ptahmose, peut-être?

Le petit sourire pincé de son époux lui apporta la réponse à sa question.

— Mais ils seront furieux! s'exclama-t-elle. Ils s'attaqueront à toi... et à moi!

— Cela n'a aucune espèce d'importance. Veux-tu savoir pourquoi?

Non, elle ne le voulait pas. Dans l'état où il était, Aménophis allait probablement lui sortir une absurdité de plus. Ce qu'il fit.

— Je fais construire une nouvelle cité pour nous.

— Je ne comprends pas, pharaon, dit Néfertiti. Quelle nouvelle cité, où ça? Pourquoi ne m'en as-tu pas parlé avant?

— Ce sera à mi-chemin entre ici et Memphis, poursuivit-il. Ce sera la plus grande cité du monde. Je ne la quitterai jamais. Pas même pour mener une guerre ou pour récolter des hommages. Thèbes et Memphis peuvent bien retourner au désert, je m'en contrefiche.

La foule scandait à présent sans cesse le nom du pharaon, mais Néfertiti n'était pas près de le laisser partir. Elle se blottit dans ses bras sans rien dire, mais il la repoussa rapidement et se mit à gravir les marches de la tribune – sans le moindre baiser ni au revoir.

— Oh, lança-t-il en se retournant vers elle, j'ai gardé le meilleur pour la fin : je change de nom demain, pour honorer la grandeur de notre dieu. On ne me confondra plus jamais avec mon père.

— Et comment devrai-je t'appeler? demanda la reine, sentant sa tête tourner et ses jambes faiblir.

— Akhenaton.

Sous un tonnerre d'applaudissements, le pharaon se dirigea alors vers son char et entama sa course vers l'immortalité.

Thèbes
1347 av. J.-C.

Les acclamations de la foule redoublèrent dans Thèbes quand les chevaux du char accélèrent encore leur course.

Du haut de sa tribune, Néfertiti regardait « Akhenaton » et tentait de garder l'apparence du calme. Au même moment, une paire d'yeux fort attentifs scrutait les courbes du fessier de la reine : ceux du scribe royal Ay, un imposant trentenaire qui allait jouer un rôle important dans l'histoire de Toutankhamon.

Si la populace était fascinée par ce pharaon à tête de cheval faisant galoper son attelage préféré, Ay, lui, était captivé par le spectacle de la jeune et nerveuse reine, et se sentit particulièrement excité lorsqu'elle porta l'index à sa bouche pour y mordiller son ongle verni. Il se reprit en se souvenant soudain qu'il y avait là des milliers de témoins potentiels.

Le scribe royal passa la langue sur ses lèvres. Il pouvait avoir presque n'importe quelle femme en Égypte, mais c'était celle-ci qu'il voulait. Ay contempla son cou gracieux et le reste de son anatomie jusqu'au doux balancement de ses hanches. Elle était tellement plus intelligente que le pharaon, ce monstre qui ne la méritait pas, se disait-il. Ayant servi son père, Ay savait comment un pharaon devait présenter et se comporter; Aménophis IV n'était pas à la hauteur.

Mais si ce n'était pas Aménophis, qui devait alors régner? Selon Ay, aucun doute possible: lui-même.

Néfertiti se retourna soudain vers lui. Elle perçut son regard indiscret, mais feignit de n'avoir rien remarqué. D'ailleurs, elle semblait ne *jamais* le remarquer.

Ay sourit et baissa les yeux vers la rue. Comme par miracle, le pharaon était parvenu à faire descendre son char sur le bord de la route. Il faisait maintenant demi-tour pour revenir au palais.

C'est alors qu'une roue se détacha et bondit follement dans la foule, manquant de peu de décapiter un homme. L'air s'emplit de cris. Terrifiés, de nombreux spectateurs détalèrent, craignant que le char ne vienne s'écraser sur eux.

Le pharaon avait été éjecté de la caisse du char pour atterrir sur son cheval de droite. Il avait réussi à garder les rênes en mains, mais se trouvait la tête en bas, sur le flanc de l'animal. L'attelage affolé galopait de plus en plus vite, traînant le char et risquant à chaque instant de heurter de ses sabots la tête du pharaon.

Ay se tourna vers Néfertiti, dont les mains couvraient à présent la bouche. Bien que le futur de l'Égypte fût en train de se jouer, il ne pouvait s'empêcher de la regarder. Cette femme était absolument extraordinaire, une vraie reine, peut-être la personne la plus impressionnante de toute l'Égypte.

Une clameur différente éclata soudain dans la foule, créant une onde telle que le sol de la tribune se mit à trembler.

Les yeux d'Ay se braquèrent de nouveau sur la rue, où le pharaon était parvenu à se hisser sur le dos de son cheval. Ayant repris le contrôle, il chevauchait sa monture à travers les ruelles dans un galop parfaitement maîtrisé. Les mains de Néfertiti retombèrent. Le regard horrifié disparut de ses yeux. Et elle se transforma en une nouvelle femme, resplendissante d'amour et de fierté.

Le pharaon arrêta les chevaux au pied de la tribune sous les ovations délirantes de la foule. Il leva les yeux vers Néfertiti, des yeux brillant de satisfaction et de soulagement. Il descendit de son destrier et marcha lentement au centre de l'allée, jouissant de la divine certitude d'être à la fois dieu et souverain.

Néfertiti approcha alors ses lèvres des oreilles d'Ay. Il sentit son parfum et la chaleur de sa peau. Cet instant le fit encore plus intensément mourir de désir pour cette superbe femme.

— À partir de demain, Ay, lui dit-elle, l'Égypte ne sera plus jamais la même. Notez cela.

Il n'avait aucune idée de ce qu'elle voulait dire. Tout ce qu'il savait, c'était la force avec laquelle son cœur battait, et la manière dont son nom avait résonné dans sa bouche.

— Oh, et... Ay?

— Oui, ma reine?

— Si je vous surprends une nouvelle fois à me regarder de cette façon, je jetterai votre cœur aux crocodiles en guise de dessert.

Amarna, Égypte
1345 av. J.-C.

Un tel miracle d'architecture n'était possible que dans les temps anciens. En seulement deux ans, la cité d'Amarna avait été édifiée. Missionné sur le site, Ay venait d'informer le pharaon de l'achèvement des travaux. Il pensait que trois ou quatre semaines s'écouleraient avant qu'Akhenaton ne débarque avec famille et courtisans.

Mais il avait sous-estimé la motivation du roi à quitter Thèbes.

Une semaine après que son message avait été reçu, le vizir sirotait une boisson sur la terrasse du nouveau palais royal. Il s'ennuyait et se sentait seul. Sa femme était encore à Thèbes et, pis, son harem aussi.

Il porta son regard vers le Nil. L'après-midi était vraiment magnifique : un ciel d'un bleu parfait, et une chaleur supportable si l'on restait à l'ombre.

C'est alors qu'Ay fut témoin d'une scène si stupéfiante qu'il en lâcha presque sa tasse de céramique. Une armada de navires remontait le Nil – des dizaines, non, des centaines de bateaux. On pouvait distinguer leurs grandes voiles triangulaires à des kilomètres de distance. Des centaines de citoyens de Thèbes étaient agglutinés sur les ponts, prêts à commencer leur nouvelle vie à Amarna. Et, assis sur la proue de la plus grande embarcation, afin d'être le premier à contempler ce qu'il avait créé, se tenait Akhenaton. L'époustouflante Néfertiti et leurs trois pimbêches de filles étaient à ses côtés.

Akhenaton fit triomphalement dresser l'étendard royal. Mais Ay n'avait d'yeux que pour Néfertiti et les trois enfants. Aucun garçon. Rien que des filles.

— Je le tuerai ! grinça-t-il dans une brillante inspiration.

Bien sûr. C'était la solution idéale.

Tout incomparable qu'elle fût, Néfertiti n'avait pas donné d'héritier au pharaon. Et sans enfant mâle, pas de succession. Si le pharaon venait soudainement à mourir, personne ne pourrait empêcher Ay de prendre sa place.

Personne… sauf Néfertiti, la reine des abeilles.

— Je me préoccuperai d'elle le moment venu, marmonna-t-il, planifiant déjà son crime.

Mais il ne pourrait se permettre la moindre erreur. Tuer le pharaon sans se faire repérer impliquait un crime parfait. Il faudrait être patient, choisir le bon moment et le bon moyen pour l'exécuter.

Ay eut un léger rictus. La persévérance n'était pas la moindre de ses qualités. Le plan lui était apparu dans un éclair d'inspiration, presque dans ses moindres détails, mais sa réalisation prendrait du temps.

— Un jour, je serai pharaon, énonça-t-il pour lui-même, plein d'assurance.

Amarna
1892

Amarna... incroyable Amarna!

Howard Carter étudia attentivement la configuration du terrain pour s'assurer qu'il avait trouvé le bon emplacement. Un endroit à proximité des caveaux et offrant une belle vue, voilà ce qu'il voulait. Il avait déjà observé les lignes de drainage du sol afin d'éviter d'être emporté par une pluie torrentielle ou par les débordements du Nil.

Il décida enfin de s'installer en un lieu précis.

D'un mouvement de tête, il scruta chaque point de l'horizon, avant de donner le signal de l'action à sa petite armée d'ouvriers bâtisseurs. Ceux-ci se mirent aussitôt à l'œuvre – dans la mesure de ce que leur conception plutôt décontractée du travail permettait.

Pour la première fois de sa vie, Howard Carter s'enracinait quelque part en faisant construire une maison. Une simple structure de terre et de briques comme celle des anciens Égyptiens, certes, mais une maison.

Il allait travailler à Amarna, ancienne résidence d'Akhenaton et Néfertiti. Autrefois grandiose, et désormais en ruine, la cité se situait dans un large tournant du Nil, sur un bas plateau cerné d'innombrables falaises. La pénurie de logements du site redécouvert depuis peu avait poussé Carter à y faire bâtir sa propre habitation. Plus qu'un simple dortoir, il entendait en faire un domicile pratique et agréable où les Égyptiens de l'époque antique se seraient sentis comme chez eux. Pour commencer, il avait acheté mille briques de terre – pour seulement dix pennies.

C'était le mois de janvier, la haute saison des fouilles. Carter avait quitté Beni Hassan et Percy Newberry pour Amarna, grâce, une fois de plus, au patronage de Lord Amherst. Ses travaux auraient lieu sous l'œil aguerri de Flinders Petrie, et consisteraient à effectuer des dessins élaborés de toutes les découvertes, grandes ou petites.

Dès l'arrivée de Carter, Petrie, homme austère, avait décrété que tous les déplacements se feraient à pied. Il ne voyait pas l'intérêt d'investir dans des ânes quand la marche se révélait aussi rapide et bien moins onéreuse.

Carter comprit également qu'il devrait faire sa cuisine tout seul. Cuisine était d'ailleurs un bien grand mot, puisqu'il s'agissait essentiellement d'ouvrir les boîtes de conserve qui constituaient le petit déjeuner, le déjeuner et le dîner sur tout site dirigé par Petrie. À l'instar du cas des ânes, la nourriture en boîte avait été décrétée moins chère que l'achat de produits frais sur place et l'embauche d'un cuisinier.

En outre, c'était une économie de temps. Flinders Petrie aimait travailler de 8 heures du matin à 8 heures du soir, sept jours par semaine. Moins on passait de temps à des futilités telles que la préparation des repas, plus on en avait pour les fouilles.

Carter n'était par ailleurs plus limité au rôle de simple dessinateur. Petrie avait rencontré sur le terrain des dizaines de jeunes Anglais très bien éduqués, convaincus que leurs connaissances leur suffiraient pour mener brillamment des fouilles. La plupart d'entre eux avaient lamentablement échoué. Aussi, en raison d'une pénurie d'archéologues et d'une intuition le poussant à croire que l'impertinent jeune Carter serait plus facile à former que des candidats plus vieux et moins ambitieux, Petrie avait-il annoncé que les fouilles s'ajouteraient désormais à la liste des tâches du jeune homme.

À ce jour, pourtant, les résultats étaient plus que décevants. « Carter ne s'intéresse qu'à la peinture et à l'histoire naturelle, écrivit Petrie dans son journal le 9 janvier, soit moins d'une semaine après l'arrivée du jeune homme. Il ne m'est d'aucun secours dans les fouilles. »

Peut-être était-il un peu tôt pour jauger l'homme qui allait faire dans la Vallée des Rois la découverte la plus sensationnelle qui soit.

Amarna, Égypte
1345 av. J.-C.

L'impitoyable général Horemheb ne pouvait croire ce qu'il entendait de la bouche de ce stupide et inutile pharaon.

— Nous ne ferons pas la guerre à nos voisins, avait décrété Akhenaton, avachi sur son trône.

Le général n'était pas homme à être intimidé, même par un pharaon, mais l'intensité avec laquelle son supérieur le fixait maintenant le mit mal à l'aise. Certains avaient gagné le pouvoir par privilège, par leur position, d'autres grâce à leurs prouesses physiques. Le pharaon estimait détenir tout cela. Et cela lui conférait une assurance qui déstabilisait fortement Horemheb.

En attendant de pouvoir renverser le gouvernement égaré du pharaon par un grand coup d'État militaire, il fallait bien se résigner à écouter les absurdes déclarations de ce faiblard à tête de monstre. Il ne pouvait pas y couper.

— Mais, pharaon, si je peux me permettre, nous dépendons des guerres sous de nombreux aspects : notre richesse, notre sécurité, notre statut. Cela signifierait notre fin. Votre père…

— Je ne veux pas entendre parler de mon père. Il repose dans sa tombe. Ses dieux et ses coutumes appartiennent au passé. Ils sont aussi morts que lui.

— Mais, sire, nous sommes la nation la plus puissante de tous les horizons. Nous avons certainement le devoir de préserver cela.

Horemheb avait envie de hurler ce qu'il pensait. Que tout allait de mal en pis depuis l'emménagement du pharaon à Amarna. Que le pays se ramollissait. Que le roi ne quittait même plus le palais, jamais. Que les grandes cités de Memphis et de Thèbes étaient sur le déclin, et, qu'avec elles, c'était tout le peuple égyptien qui s'enfonçait rapidement dans la déchéance.

Mais il ne dit rien de tout cela et écouta le pharaon déblatérer ses inepties idéalistes.

— Nous le ferons. Nous adorerons Aton, qui protégera nos frontières. Mais je ne vois pas l'intérêt de faire la guerre. Qu'y aurait-il de mal à être une nation pacifique?

— Je crois en la paix par la force, sire. L'expérience nous a appris depuis longtemps que les choses fonctionnent ainsi.

— Je n'en attendais pas moins de vous, général. C'est votre travail.

— Et... puis-je savoir ce que vaut la force quand elle n'est pas exercée?

Le pharaon arbora un sourire condescendant.

— Général, quand avez-vous pour la dernière fois passé une journée à rêver?

La mâchoire du militaire faillit se décrocher.

— Je vous demande pardon?

— Vous m'avez bien entendu. Écrivez-vous parfois de la poésie? Vous perdez-vous quelquefois dans vos pensées? Avez-vous déjà peint quelque chose?

— Je suis un guerrier, sire. Je n'ai pas été éduqué pour m'asseoir et réfléchir, mais pour agir.

— Alors, faites ceci.

Akhenaton ne dit plus rien et ferma les yeux, comme pour méditer. Horemheb patienta jusqu'à ce qu'il ne puisse plus tenir.

— Sire, que voulez-vous donc que je fasse?

— Vous détendre. Oublier la guerre. L'Égypte n'a plus besoin de conflits, car nous sommes désormais sous la protection du grand dieu Soleil, qui subviendra à tous nos besoins.

Et qui nous mènera à la ruine! songea Horemheb avec colère.

— Rompez maintenant, ordonna le pharaon avec un vague geste de la main. Et allez écrire un poème.

Amarna
1341 av. J.-C.

— Toutankhaton, mon pauvre petit. Que va-t-on faire de toi?

Néfertiti berçait le nouveau-né dans ses bras et craignait pour la vie de son fils. Cet enfant n'était biologiquement pas le sien, car elle ne l'avait pas porté. Mais il se trouvait que son abruti de mari en était le père. Ce bébé serait donc aussi le fils de la reine.

Le nom de naissance de la mère était Kiya, et le pharaon avait donné à la jeune courtisane un titre qui surpassait tous les attributs de Néfertiti : Très Aimée.

Cette ancienne princesse mitannienne, alors nommée Tadukhepa, avait été envoyée en Égypte par son père en gage de paix entre les deux nations. Pendant trois longues années, Néfertiti avait dû endurer la présence de cette femme qui prenait de plus en plus souvent sa place dans le lit du pharaon. L'homme que Néfertiti avait autrefois aimé lui était peu à peu devenu étranger, tout entier qu'il était à son Aton adoré et à sa très jeune dulcinée.

À la même période, le pharaon avait commencé à déclarer qu'il était l'incarnation d'Aton, que le dieu et lui ne faisaient plus qu'un. Néfertiti avait eu le cran de le contredire, et s'était aussitôt fait bannir de son lit en guise de représailles.

Je demeure malgré tout la mère de ses enfants, se disait-elle souvent. *Oui, mais seulement de ses filles. C'est celui-ci, le garçon, qui sera appelé à être pharaon. Je ne vaux guère mieux que Tiyi. Lorsque le pharaon mourra, l'empire sera aux mains de son enfant, ce nouveau-né. Qu'adviendra-t-il alors de moi? Oh, et puis, après tout, quelle importance? Il ne restera plus rien de la grandeur de l'Égypte quand mon mari partira dans l'autre monde. Les choses en prennent bien le chemin.*

La négligence ou peut-être la folie d'Akhenaton avaient en effet de lourdes conséquences sur son peuple, qui, affamé, abandonnait peu à peu fermes et villes pour reprendre une âpre vie de nomades. Les prêtres de Thèbes souhaitaient sa mort pour cause d'usurpation de leurs dieux au profit d'un seul – et à son propre profit. Le vizir du roi se faisait passer pour un dévoué serviteur, mais une fois lassé de ses manières, lui aussi n'aurait qu'une hâte : le poignarder dans le dos.

Que dire encore d'Horemheb? Si le général s'était mis à rêver, ce devait être d'un coup d'État.

Alors, quelle raison les empêchait donc tous d'agir? Se pouvait-il qu'en leur for intérieur ils croient que le pharaon était un dieu? Ces hommes étaient-ils des dupes… ou des menteurs?

Le bébé se remit à pleurer. *Pauvre Toutankhaton.*

Néfertiti s'apprêtait à dire à l'enfant qu'en cet instant même sa mère était placée dans sa dernière demeure. Elle était morte en couches, et jamais il ne connaîtrait le réconfort de ses bras et de son sein. Mais le passé n'importait plus.

— Du calme, mon fils, murmura-t-elle. C'est moi ta mère, maintenant, et je vais t'élever pour faire de toi le pharaon que ton père aurait dû être. Tu seras roi, Toutankhaton. Je te le promets.

Deir el-Bahari
1894

Un soleil de plomb brûlait la nuque d'Howard Carter. C'était le ramadan, mois sacré pour les musulmans. Cette période marquait la fin des fouilles, car le jeûne auquel les hommes s'astreignaient les affaiblissait trop pour qu'ils puissent creuser par des températures étouffantes.

Carter travaillait donc seul, alternant photographies et dessins de la chambre nord-ouest d'un temple récemment mis au jour près de Louxor. Il avait alors dix-neuf ans.

C'était la deuxième saison qu'il passait à excaver une structure dédiée à Hatshepsout, une femme pharaon presque aussi célèbre que Néfertiti. Situé au pied d'une falaise, à trois kilomètres du Nil, le site était de nature rocheuse. En journée, les températures montaient souvent bien au-dessus des quarante degrés, et aucun endroit ne permettait de s'abriter de cette chaleur infernale.

Carter travaillait malgré tout de l'aube au crépuscule, comme Petrie le lui avait enseigné – mais avant tout parce qu'il adorait son travail. Telle était sa vie. Rien d'autre ne comptait à ses yeux.

Il avait un nouveau patron, un Suisse nommé Édouard Naville. Fouilleur prolifique, celui-ci était persuadé depuis longtemps qu'un vaste complexe de temples se trouvait sous le sol de Deir el-Bahari. Les résultats de plusieurs saisons de fouilles tendaient à prouver qu'il avait raison.

D'immenses colonnes et de grandes terrasses commençaient à émerger, après que des siècles de glissements de terrain et de tempêtes de sable les avaient peu à peu recouvertes.

Si Naville était satisfait du professionnalisme grandissant de Carter, il l'était moins de la lenteur avec laquelle le jeune Anglais effectuait ses dessins et ses prises de vue. Le perfectionnisme autrefois encouragé par Petrie était désormais perçu comme un sérieux défaut.

Cela dit, l'inconvénient avait son avantage : Naville avait embauché un second artiste pour aider Carter. Et l'homme choisi pour cette tâche n'était autre que Vernet, le frère de Carter, âgé de trente-deux ans.

Tous deux collaborèrent étroitement pendant les premiers mois de 1894, fournissant des séries de dessins éblouissants qui furent rapidement reproduits pour être publiés.

Carter avait vraiment fait du chemin. Non seulement il avait appris à creuser, à photographier et à diriger des équipes de fouilles, mais le jeune homme était en train de prouver que l'enfant souffreteux qu'il avait été appartenait définitivement au passé. Lorsque Naville ferma le site pendant le ramadan, il demanda aux frères Carter de poursuivre le travail ensemble. Et c'est Vernet, le costaud, et non le jeune Howard, qui flancha sous les assauts de la chaleur et des privations. Laissant son frère finir seul la tâche pour Naville, il fut contraint de retourner en Angleterre.

Carter avait apprécié ces moments passés avec Vernet, mais il n'envisagea pas un instant de rentrer avec lui.

La vie d'égyptologue comportait des risques, et ne correspondait certes pas à l'idée que les gens se faisaient du job idéal. Pourtant, pour Howard Carter, c'était le paradis.

Et puis, il espérait qu'un jour, ce serait lui le roi des Temps modernes dans cette vallée. Son rêve était vif : être l'auteur de la plus grande découverte de tombe jamais faite. Même s'il n'avait aucune idée de ce que cela pourrait être.

Deir el-Bahari
1899

Carter installa son chevalet au sommet des ruines d'un ancien et très spectaculaire temple funéraire, sachant que le temps lui était compté.

Le soleil levant de ce mois de mars dépassait juste la ligne d'horizon. Dans une heure, la chaleur commencerait à devenir gênante, et la transpiration imprégnerait jusqu'au ruban de son chapeau. Dans deux heures, ses couleurs se dessécheraient quasiment dès leur sortie du tube de peinture. Et dans trois heures, la mine de son crayon serait trop molle pour qu'il puisse esquisser le moindre trait.

Il se mit donc rapidement au travail, croquant l'extérieur du temple, vérifiant que ses proportions massives étaient bien à l'échelle des falaises tout aussi imposantes qui se dressaient, tel un mur, derrière lui.

La précision et la symétrie de ce complexe tentaculaire, avec ses trois niveaux et ses colonnes sculptées, le plongèrent dans les images de l'armée d'artisans, au sommet de leur art, qui avaient fièrement érigé une structure destinée à traverser les âges.

Quelle vision magnifique ! Il était évident pour Carter qu'il ne pourrait jamais quitter un lieu aussi magique.

Il avait acquis une excellente réputation en tant qu'artiste. Ses sujets allaient en effet des simples croquis des animaux du zoo du Caire jusqu'à de minutieuses représentations de l'intérieur des tombes. Cela faisait maintenant huit ans qu'il vivait en Égypte. Et il lui était désormais impossible de peindre la moindre aquarelle sans reconstituer mentalement l'histoire sous-jacente à ce qu'il voyait.

Une goutte de sueur coula sur son visage. Perdu dans sa rêverie, il ne la sentit même pas.

Le temple qui se dressait devant lui avait appartenu à la reine Hatshepsout. Il avait nécessité quinze ans de travaux, puis la reine avait été enterrée ailleurs. L'édifice ressemblait davantage à un palais qu'à un site funéraire. Il avait la particularité d'être très ostentatoire, alors qu'habituellement, à l'époque de sa construction – au XVe siècle av. J.-C. –, les pharaons s'ingéniaient à camoufler leur dernière demeure plutôt que de l'étaler au grand jour.

Mais tout comme ce temple n'avait rien d'ordinaire, Hatshepsout n'avait pas été une pharaonne conventionnelle. Après la mort de son époux et demi-frère, elle avait brisé des siècles de tradition en devenant la première femme pharaon. Son règne avait été prospère, comme le seraient ensuite ceux de ses enfants et petits-enfants.

Carter savait qu'Hatshepsout avait été très amoureuse, et qu'elle avait été reine avant d'être pharaonne. Il connaissait aussi son père, Thoutmosis Ier, premier pharaon à être enterré dans la Vallée des Rois plutôt que dans les pyramides chéries par ses ancêtres.

Fatalement tentatrices, les pyramides s'étaient révélées faciles à piller, et les pharaons se retrouvaient privés de leurs biens pour leur voyage dans le monde d'après. Creuser des tombes au beau milieu d'une vallée désolée paraissait être le meilleur moyen de décourager les pillards.

Malheureusement, Thoutmosis s'était trompé à ce sujet, tout comme Hatshepsout.

En dépit de l'envergure du site mortuaire, qui lui donnait des allures de petite ville dans cette vallée, aucune trace de la fameuse reine n'y avait encore été retrouvée.

Carter appliqua rapidement une touche de peinture supplémentaire à son dessin. Le soleil était bas et lui arrivait directement dans les yeux. Il détourna le regard pour ne pas endommager sa vue. Les lésions oculaires étaient fréquentes chez les égyptologues et pouvaient facilement briser une carrière.

À quelques centaines de mètres de là, des touristes et leurs guides égyptiens descendaient de leurs mules pour marcher vers le temple.

Ils ignoraient que l'un des plus grands égyptologues de tous les temps se tenait tout près d'eux. De pauvre petit dessinateur mal payé, Carter était en effet en train de passer au niveau des plus grands spécialistes de l'Égypte.

Il était conscient que, pour faire partie de la cour des grands, la chance devrait s'en mêler. Il fallait aussi de l'argent, beaucoup d'argent. Pour couvrir ses frais, il avait besoin d'un riche et généreux bienfaiteur. Il en avait repéré quelques-uns à Louxor, se promenant au Winter Palace Hotel et semblant profiter de la vie nocturne du Nil à bord de leurs somptueux yachts.

Carter ne savait trop comment s'y prendre pour intégrer ce genre de société – ni aucune autre, d'ailleurs –, mais il allait apprendre.

Duper une bande de dupes… Serait-ce chose facile pour lui?

Janvier 1900
Vallée des Rois

— Messieurs, nous vous invitons à enlever vos manteaux, annonça Carter au groupe de visiteurs qui s'approchait de la tombe. Il fait assez chaud à l'intérieur. Mesdames, je crains que vous ne deviez vous préparer à retirer vos chapeaux.

À vingt-cinq ans, son éthique professionnelle et sa passion pour l'égyptologie avaient propulsé l'ambitieux Howard Carter de la relative obscurité des premiers jours au relatif pouvoir de sa nouvelle position en tant qu'inspecteur général des monuments de Basse-Égypte pour le Service des antiquités.

Il avait devancé Percy Newberry à ce poste, qui lui permettait dorénavant de superviser toutes les fouilles de la région.

Cette nomination était loin de faire l'unanimité au sein de la communauté britannique d'égyptologie. On lui reprochait son manque de connaissances théoriques, de diplôme universitaire, et, peut-être plus que tout, son absence de bonnes manières. Pour ces gens, Carter n'était pas l'un des meilleurs égyptologues au monde, mais le plus tristement célèbre pour sa grossièreté.

Lors d'un dîner de Noël en 1897, le frère de Newberry s'était répandu sur la piètre éducation de

Carter : « Figurez-vous qu'il n'hésite pas à curer sa dent creuse à l'aide d'une allumette en plein repas, à mordre à pleines dents dans du pain si dur qu'on le couperait à peine avec un hachoir, et à se servir en whisky dans des proportions plus que déraisonnables. Il est capable de vider la moitié d'une bouteille dans son verre, puis de rire comme un fou et d'en remettre dans la bouteille ! »

Même Gaston Maspero, son nouveau patron, reconnaissait qu'il avait un caractère impossible.

Mais Carter avait également quelques admirateurs... et beaucoup d'admiratrices. Lady Amherst l'accueillait toujours à bras ouverts à Didlington Hall chaque fois qu'il revenait en Angleterre. Toutes ses aventures dans le désert égyptien avaient fait de lui une sorte de héros au sein de leur famille. Qu'importe qu'il ne sache pas toujours quelle fourchette utiliser pour manger sa salade ; Carter était désormais quelqu'un avec qui il fallait compter.

Son nouveau poste faisait aussi de lui le conservateur du musée pour toute la Vallée des Rois – puisque c'est ainsi que l'on nommait désormais le fameux site mortuaire des pharaons. La zone constituait un méli-mélo isolé de montagnes et de falaises, bordé d'un lit de rivière asséché à moins de cinq kilomètres du Nil, juste en dessous de la Corne, point culminant des montagnes thébaines.

Personne ne savait vraiment combien de dignitaires égyptiens avaient pu être enterrés sous ce sol desséché par le soleil. Et il était fort probable que nul ne le saurait jamais. Les siècles et le climat, les éboulements et les tempêtes de sable avaient totalement modifié l'apparence des sols de la vallée, et constituaient ainsi un camouflage naturel supplémentaire.

Trouver de nouvelles tombes relevait de la même probabilité que de tomber sur la proverbiale aiguille dans la meule de foin. C'est pourquoi toute découverte était si précieuse et déchaînait les passions des touristes et des pillards, avides de contempler ce que recelait l'intérieur de chaque chambre funéraire.

Depuis que l'égyptologue et ancien homme de foire italien Giovanni Belzoni avait procédé aux premières excavations sérieuses en 1815, on avait mis au jour plus de deux douzaines de tombeaux de pharaons dans la région. Belzoni avait cessé ses fouilles dans la vallée après treize années d'ouvrage, persuadé qu'il n'y avait « plus rien à trouver ».

Il avait tort : on découvrit tombe sur tombe après son départ. En échange de l'autorisation pour mener des fouilles dans la vallée – et à la façon d'une concession, en quelque sorte –, les explorateurs s'engageaient à faire du cinquante-cinquante avec le gouvernement égyptien. Les travaux ne nécessitaient parfois que de dégager quelques rochers épars. Pour d'autres chantiers, il fallait au contraire arracher à la roche des montagnes de pierres et de sable agglomérés.

Le but de tout cela était avant tout la découverte d'un trésor. L'intérêt historique n'était que secondaire.

Janvier 1900
Vallée des Rois

Carter n'avait pas les moyens de se payer une concession. Pourtant, quelques semaines seulement après avoir pris ses nouvelles fonctions, il était en train de s'approprier peu à peu la Vallée. Il avait d'abord construit un enclos capable de contenir une centaine de mules, puis installé de lourds battants de métal devant l'entrée de chaque tombeau, afin d'écarter les voleurs et autres visiteurs nocturnes de la vallée.

Pour le confort des touristes européens qui visitaient les lieux, il œuvrait également à l'installation de l'électricité dans les caveaux.

Enfin, avec l'espoir de se faire financer une concession, et pour des raisons qui se rapprochaient davantage de sa future prospérité que de son travail en lui-même, il commençait à courtiser les touristes étrangers les plus fortunés.

L'homme d'affaires américain Theodore Davis était de ceux-là. C'était un petit homme incroyablement volontaire, dont la dense moustache blanche s'étendait de l'une à l'autre de ses oreilles. Après de nombreuses visites à Louxor – tel était désormais le nom de l'ancienne Thèbes –, il s'était peu à peu épris d'égyptologie, et ce jusqu'à l'obsession.

Carter et Davis se tenaient devant l'entrée de la tombe d'Aménophis II. L'endroit était aussi spectaculaire que dangereux pour un novice, surtout si celui-ci était riche et influent. Une jambe cassée ou un coup de chaleur pouvaient vite arriver.

La tombe avait été creusée à même la roche d'une haute falaise. Rien que pour accéder à son entrée, il fallait escalader une longue échelle branlante. Carter passa en premier, progressant peu à peu avec stabilité vers l'ouverture. « C'était une belle et chaude journée », écrivit Emma Andrews, la compagne de voyage de Davis, qui prit aussi la peine de préciser que Carter était « agréable malgré sa personnalité dominatrice ».

Ce petit groupe n'était pas habillé pour les circonstances : les hommes en cravate et chaussures trop dures, les femmes en chapeaux à bords flottants et longues robes. Carter leur donna à chacun des bougies et délivra la ferme instruction de ne surtout pas rester à la traîne. Il les fit ensuite descendre dans un long couloir à bas plafond dont la pente abrupte les menait dans le flanc de la falaise.

— Soyez très attentifs au moindre de vos pas, je vous prie, ordonna Carter en leur montrant l'endroit où le sol se dérobait.

Les bâtisseurs du caveau avaient en effet creusé un trou d'une dizaine de mètres de profondeur sur trois mètres de large pour éloigner ou piéger les indésirables.

Carter avait posé des planches en travers de cette excavation, et les membres du groupe s'y aventurèrent un par un avec précaution. En vérité, il n'hésitait pas à exagérer quelque peu le danger afin de rendre l'expérience encore plus vibrante pour ces investisseurs potentiels.

Le tunnel s'enfonçait toujours plus profondément dans la terre, par un ancien escalier effondré qui contraignit les marcheurs à une progression lente et inconfortable au milieu de nombreux gravats. De magnifiques fresques aux subtiles nuances de jaune et de brun ornaient déjà les murs.

Malgré sa volonté de plaire à ses éventuels bienfaiteurs, Carter faisait un guide plutôt impatient, rabrouant régulièrement les membres du groupe les plus lents ou les plus faibles.

Après une nouvelle cage d'escalier, il leur fallut escalader un amas de roches, puis se glisser par une étroite ouverture pour continuer le trajet. La plupart des touristes étaient hors d'haleine et suaient à grosses gouttes. L'air confiné en rendait certains malades. Et plus d'un doigt avait été brûlé par la cire chaude qui tombait des bougies dans leurs efforts désespérés pour garder l'équilibre.

Bon an, mal an, tous avançaient pourtant, suivant Carter dans les entrailles de la terre.

Le corridor marqua un tournant, et le groupe arriva soudain dans une immense salle rectangulaire. À elle seule, cette pièce justifiait tous les efforts qu'ils venaient de fournir. Le plafond était recouvert d'étoiles bleues et jaunes et, en plein milieu de la salle, se trouvait un véritable sarcophage de pierre... avec sa momie à l'intérieur.

— Notez le bandeau de hiéroglyphes autour du haut du sarcophage, murmura Carter d'une voix rauque. C'est la malédiction de la momie... et c'est la seule raison pour laquelle elle n'a jamais été volée.

Il réprima un sourire en entendant une rumeur effrayée s'élever du groupe, qui se demandait si leur seule présence ici ne suffirait pas à déclencher cette malédition. Quelle bande d'imbéciles ! Les hiéroglyphes ne mentionnaient rien de tel. Carter déployait des trésors d'imagination dans le seul objectif de renforcer le désir de Davis d'acheter une concession.

Et il visait juste.

Vallée des Rois
1901

Des centaines de chauves-souris volaient près du sable, repues après une nuit de chasse et pressées de retrouver leur abri avant le lever du jour. Elles rasèrent le sol de la Vallée des Rois avant de bifurquer brusquement vers la gauche et de s'engouffrer dans la tombe où Howard Carter dormait paisiblement.

Leurs cris résonnèrent dans les couloirs, cinglant hiéroglyphes et peintures dans un intense crissement collectif. Puis, en une seule et unique masse, elles se ruèrent dans la chambre principale et vinrent se suspendre au plafond, à moins d'un mètre du lit de camp de Carter.

L'explorateur ne broncha pas. Il avait désormais une maison près de la rivière, avec un jardin clos et une petite ménagerie : le cheval, Samson, et l'âne, San Toy, avaient tout loisir d'occuper les lieux. Il possédait également deux gazelles.

Mais la maison de Médinet Habou se trouvait à des kilomètres de la vallée et de son travail. Carter passait donc de nombreuses nuits dans les caveaux.

Cela faisait bien longtemps qu'il ne se préoccupait plus des chauves-souris. Leur arrivée lui procurait même un certain réconfort. Pour lui, elles incarnaient toujours « l'âme étrange des anciens défunts ». Elles apportaient aussi la promesse du soleil levant, et avec lui, une nouvelle journée de découvertes.

Il entendit soudain le bruit de pieds nus foulant le couloir d'entrée de la tombe, puis la voix angoissée d'un jeune ouvrier égyptien dont il ne se rappelait plus le nom. Carter n'était pas un homme des plus sociables. Il ne se liait pas avec le personnel, ni avec quiconque, d'ailleurs – à l'exception d'une jolie touriste, de temps en temps.

— Chef? Vous êtes là? s'écria le jeune homme en arabe. Monsieur, monsieur?

— Qu'y a-t-il? grogna Carter en se redressant pour enfiler son pantalon de toile.

— Venez vite, monsieur. Il y a eu un cambriolage. Quelqu'un est entré pendant la nuit.

Vallée des Rois
1901

Carter était abasourdi. Il avait mis tant de cœur à l'ouvrage qu'aucun pillage n'avait eu lieu dans la zone de Thèbes depuis son arrivée comme inspecteur général des monuments. Aucun.

Alors, que s'était-il passé? Des voleurs, cette nuit? Qui, et comment diable ?

Il s'habilla en quelques secondes et se rua vers la porte. Le jour se levait à peine. Il se fraya un chemin entre les rochers et les éboulis du wadi[1]. Le sentier devint rapidement plus large et plus praticable, avant de déboucher sur une volée de marches abruptes semblant mener à un cul-de-sac à flanc de falaise. Une porte avait été creusée là. Pour éviter les pillages, Carter y avait récemment fait installer un portail métallique portant l'inscription « KV35 » – puisque tel était le nom officiel de la tombe d'Aménophis II.

Le battant, supposé infranchissable, se balançait pitoyablement sur ses gonds.

— Comment est-ce possible? murmura Carter dans un souffle, avant d'interpeller son ouvrier: Va chercher

1. Dans le monde égyptien, torrent au débit très irrégulier, alternant de longues périodes de sécheresse et de forts courants, en fonction des précipitations. *(N.d.T.)*

des hommes pour garder l'entrée. Moi, je vais voir à l'intérieur. Allons, dépêche-toi!

Au Caire, de petites fortunes pouvaient rapidement se faire grâce à la revente d'objets prélevés dans les tombes. Les touristes et les collectionneurs s'emparaient de tout ce que les voleurs mettaient sur le marché en moins de temps qu'il n'en fallait pour le dire. Attraper une de ces bandes de pillards sans conscience serait un vrai coup d'éclat pour Carter.

Il alluma une cigarette et fit les cent pas en attendant l'arrivée des renforts.

Aménophis II était le grand-père d'Aménophis le Magnifique, et l'arrière-grand-père d'Akhenaton, époux de la sublime reine Néfertiti. C'était Carter lui-même qui avait retiré la momie du cercueil, avant de l'installer dans son sarcophage d'or pour mieux l'exposer aux touristes.

L'idée qu'un abruti ait pu toucher le pharaon, risquant ainsi de l'endommager, l'emplit littéralement de rage. Et vu son tempérament, la rage de Carter était redoutée dans toute la vallée.

Avec mille précautions, il pénétra lentement dans le caveau. Un épais silence l'enveloppa aussitôt. Tels étaient toujours les premiers pas dans une tombe – comme un rappel du fait que l'on quittait le monde des vivants pour un lieu réservé aux morts. Il croyait même parfois qu'il venait de trépasser à son tour.

Neuf salles constituaient l'ensemble de la construction, chacune reliée au reste par un étroit couloir si bas que Carter devait baisser la tête à hauteur de sa taille pour le franchir. Il appuya sur l'interrupteur et attendit que ses yeux s'habituent à la pâle lumière artificielle. Puis il guetta le bruit de la fuite d'un intrus. Mais, au fur et à mesure de sa progression dans le tombeau de pierre, Carter n'entendait rien d'autre que ses propres pas.

Un peu plus loin, quelques marches donnaient sur un virage à quatre-vingt-dix degrés à gauche pour déboucher sur ce qu'il aimait appeler la Salle du premier pilier. Gardant une main au mur en cas de glissade, et l'œil bien ouvert pour repérer des cobras, Carter descendit un nouvel escalier qui le mena à la chambre funéraire.

Le plafond scintillait étrangement. Un artisan d'autrefois avait brillamment mis en place des centaines de petits carreaux représentant une nuit étoilée. En face de lui se trouvait le corps momifié d'Aménophis II… jeté au sol comme une vulgaire poupée de chiffons. La chambre funéraire avait été complètement mise à sac. Tout avait disparu. Un terrible crime venait d'être commis en ces lieux. À son nez et à sa barbe.

Vallée des Rois
1901

Le cœur battant de colère et déchiré par la peine, Carter passa la tombe au peigne fin, se mettant à quatre pattes, rampant parfois dans la quête du moindre indice, du moindre détail relatif au crime. Cette sorte de travail de détective faisait partie de ses qualifications, et ses dispositions naturelles lui permettaient de le pratiquer avec autant d'aisance que s'il avait été formé par Scotland Yard. De plus, ces tombeaux aux couloirs poussiéreux et à l'odeur de renfermé étaient comme une seconde maison pour lui.

Le voleur était assurément un professionnel. Il savait exactement ce qu'il cherchait et où le trouver. Tout tendait à prouver que c'était le travail d'un initié, mais Carter avait une confiance totale dans l'équipe d'ouvriers qui menaient les fouilles avec lui. Il écarta donc immédiatement l'hypothèse de leur culpabilité – jusqu'à ce qu'il prenne conscience que la serrure n'avait pas été forcée.

C'était donc une clé qui avait ouvert cette porte, et qui disait clé disait complicité au sein de son personnel. *Bon Dieu!*

L'idée de la trahison l'envahit comme une montée de bile alors qu'il poursuivait son tour des salles, effondré devant l'ampleur des pertes. Pendant toute une journée et une nuit, Carter arpenta la tombe, revenant parfois quelques minutes à l'air libre pour fumer une cigarette avant de replonger à l'intérieur.

Il ne cessait de se creuser les méninges, cherchant l'indice qu'il aurait négligé et qui se trouverait juste sous ses yeux. Il alla finalement se coucher à contrecœur et dormit juste ce qu'il fallait pour être sûr qu'il n'avait plus envie de sommeiller.

Dès les premières lueurs du jour, le détective était de retour au tombeau, bien décidé à n'en repartir que lorsqu'il aurait résolu l'énigme. Il alluma la lumière, fit un pas à l'intérieur. Et stoppa net.

Lors de son investigation de la veille, Carter n'avait pas bien observé le battant de la porte. Il avait présumé que le pilleur avait une clé. Mais il se souvenait à présent que, la semaine précédente, la porte avait été forcée au pied-de-biche et que la serrure avait sauté. Rien n'avait alors été dérobé, et, les dommages réparés, l'affaire avait été vite oubliée.

Il se pencha pour inspecter le verrou d'un peu plus près. Le jour d'avant, il avait remarqué des petits bouts de papier et quelques particules de résine sur le sol, sans y prêter plus d'attention. Il roula un peu de résine entre ses doigts et la renifla. Il reconnut l'odeur immédiatement : c'était celle de l'acacia.

Mais qu'est-ce que ça peut bien faire ici? se demanda-t-il. *Cette résine doit être la clé... mais comment?*

C'était maintenant la serrure qu'il scrutait. Il comprit alors que la résine avait servi de colle pour remettre en place la patte du cadenas.

— Très ingénieux, murmura-t-il. Simple et intelligent. Ce voleur est un bon. Presque autant que moi.

Tout devint clair. La précédente effraction avait pour seul but de briser la serrure et d'y mouler ensuite la résine pour donner l'apparence que rien n'avait été vraiment cassé. Le malfaiteur avait ensuite attendu le bon moment pour revenir et, en quelques simples coups sur la serrure, faire céder la résine.

Carter se glissa dans le caveau, plein de fièvre à cette nouvelle perspective de la scène du crime. Il se remémora l'épisode d'un pillage de tombe qui avait été contrecarré quelques mois plus tôt. Des empreintes de pas avaient été relevées. On avait même identifié un suspect, un certain Mohamed Abd el Rasoul. Sa famille était connue pour piller les tombes depuis des générations. Rasoul adorait observer les fouilles, et faisait parfois des découvertes « fortuites » par lui-même, mais les tombeaux étaient systématiquement pillés avant que Carter et ses hommes ne soient dépêchés sur place. Rasoul avait beau être toujours plus ou moins suspect, personne n'avait pensé à vérifier si ces empreintes pouvaient être les siennes.

Si Carter pouvait tomber sur d'autres empreintes dans la tombe d'Aménophis, et que celles-ci correspondent à celles de Rasoul, il tiendrait son brigand. Il reprit donc son examen scrupuleux des lieux. Quelques minutes plus tard, il trouvait des traces de pas. Celles d'un homme sans chaussures.

Il sortit un mètre de sa poche et mesura les empreintes. Elles avaient strictement les mêmes dimensions que celles relevées lors de l'autre pillage.

— Au millimètre près, se réjouit-il. Je te tiens, el Rasoul !

Carter se dirigea lentement vers l'ouverture du caveau, glissa une cigarette entre ses lèvres et l'alluma, le regard perdu dans le lointain.

Le son des pelles et des pioches creusant le sol du désert retentissait d'un côté à l'autre de la Vallée des Rois, tandis qu'un peu plus loin, un autre chercheur poursuivait lui aussi sa quête d'un tombeau oublié et de tous ses trésors.

Carter se sentait très content de lui. Combien d'hommes pouvaient en effet prétendre simultanément aux titres d'artiste, d'archéologue et de détective?

Vallée des Rois
1902

Quarante-trois.

Tel était le nombre qui hantait l'esprit d'Howard Carter alors qu'il surplombait la Vallée des Rois pour l'embrasser du regard.

Il avait beaucoup plu la nuit précédente. Les trombes d'eau qui s'étaient abattues avaient entraîné des glissements de terrain, et des rivières s'étaient littéralement formées en contrebas des collines.

La couche supérieure avait été emportée, favorisant grandement les recherches de Carter. Les yeux rivés au sol et le nombre 43 dansant toujours dans sa tête, il passait en revue la terre fraîchement apparue, avec l'espoir d'y distinguer une faille ou une fissure révélatrice de l'entrée d'une nouvelle sépulture.

Une fois de plus, son cœur battait la chamade. Il se disait qu'il adorait son travail et qu'un jour, il accomplirait de grandes choses. Ayant beaucoup donné de sa personne, il ne pourrait en être autrement.

Carter ressentait toujours une sorte de pouvoir quasi religieux dans la Vallée des Rois, et croyait que le lieu avait son existence propre. Il le vivait comme alternativement spirituel et ludique, ce désert espiègle qui narguait constamment les égyptologues en leur laissant croire qu'il n'y avait plus rien à découvrir.

Régulièrement, de grands spécialistes déclaraient avoir fait le tour de tout ce que l'on pouvait y trouver. La vallée révélait alors un nouveau tombeau ou une nouvelle cache de momies... et des fouilles effrénées reprenaient illico, accompagnées de faramineuses dépenses.

Carter s'était livré à une étude minutieuse des travaux des égyptologues depuis le débarquement des hommes de Napoléon sur ces terres, à la fin du XVIIIe siècle. Il avait également étudié toute la lignée et la succession des pharaons, et comparé ces noms avec la liste des momies déjà retrouvées.

En croisant tout simplement ces observations, il fit le constat que de nombreux monarques étaient encore ensevelis sous ses pieds, quelque part dans la Vallée des Rois, n'attendant que d'être repérés.

Son regard se portait maintenant sur cette vallée, et il s'interrogeait toujours sur ce mystérieux nombre 43.

Ce ne pouvait être le nom d'une personne. En tout cas, Carter n'avait pas la moindre idée de qui aurait pu s'appeler ainsi. Les découvertes de tombes avaient été numérotées, elles. Dans les trois années qui précédaient, un jeune Français nommé Victor Lorent avait mis au jour une incroyable série de dix sépulcres. Mais après avoir excavé la KV42 – avec l'aide efficace de Carter –, il avait fini par quitter la vallée.

La KV43 était là, attendant qu'on la déniche. Carter avait pourtant la triste impression que ce ne serait pas lui qui y parviendrait. Il fallait plus de cinq mille livres sterling pour pouvoir employer les centaines d'hommes nécessaires aux fouilles pour une seule saison. Ajoutez à cela le coût monumental d'une concession à l'année, le logement, la nourriture pour tous, les mules, les pelles, les pioches et les brouettes pour déplacer les gravats, et il semblait évident que l'égyptologie était le domaine réservé des riches. Pour être tout à fait honnête, quelles chances pouvait bien avoir le fils d'un simple portraitiste animalier de découvrir un important tombeau de pharaon? Malgré tout, il avait le droit de rêver. Et puis, il était bel et bien là, et non dans cette vieille et triste Angleterre.

Carter contemplait les plis et replis de la vallée, comme si l'observation prolongée des lieux allait lui fournir un signe de la présence du 43. Il s'assit finalement en tailleur, sur le seul emplacement qui semblait préservé de la boue à des centaines de mètres à la ronde, et ouvrit son cahier de dessin.

Il fit glisser son crayon avec légèreté sur la page, esquissant en quelques traits rapides les lignes du sol de la vallée et les montagnes érodées à l'ouest. Comme à chaque fois, le défi était de parvenir à restituer la grandeur et la paix qui se dégageaient du site. Mais tout le génie artistique de Carter ne suffirait jamais à reproduire la majesté de cet endroit magique.

Un endroit imprégné d'une si grande histoire… Si seulement il pouvait en déterrer une partie lui-même. Si seulement il pouvait trouver la 43!

Vallée des Rois
1er février 1903

Carter cligna des yeux plusieurs fois en déboulant dans la pâle lumière matinale de ce lieu qu'il aimait tant. Un fidèle travailleur égyptien, désireux de ravigoter son patron, lui passa immédiatement eau et cigarette. Un autre homme déposa sur ses épaules un long manteau croisé pendant que Carter buvait avec avidité. On aurait pu penser que cela conférerait au jeune Anglais une sorte d'élégance décontractée... Mais ceux qui l'entouraient disaient plutôt que cela lui donnait « l'air d'un fantôme ».

En fait, Carter était complètement épuisé. Il avait passé une grande partie de la nuit à dormir dehors, à même le sol. À 4 heures du matin, il avait laissé deux hommes monter la garde, et était entré faire les préparatifs du grand dévoilement à venir : installer les lumières électriques, diriger des faisceaux sur les puits abyssaux, fixer des échelles de corde et des rampes, et construire des pistes de bois afin que ses dix-huit invités n'endommagent pas les fragiles reliques archéologiques.

Car Howard Carter avait enfin trouvé son tombeau.

Thoutmosis IV était le huitième monarque de la XVIIIe dynastie d'Égypte. Il était le père d'Aménophis le Magnifique, grand-père d'Akhenaton, et fils d'Hatshepsout, la première femme pharaon. Son règne dura de 1401 à 1391 av. J.-C., date à laquelle son corps fut scellé dans une tombe prodigieuse du sud-est de la Vallée des Rois. Selon toute évidence, d'infinies précautions avaient été prises pour dissimuler le site funéraire, y compris le choix d'un emplacement distant de plusieurs centaines de mètres de tout autre sépulcre pharaonique.

Thoutmosis IV avait délibérément choisi l'endroit le plus éloigné et le plus désolé possible. Non seulement il voulait être enseveli à tout jamais, mais il désirait aussi rester caché.

Malgré tout, soixante-dix-neuf ans après sa mort, des pilleurs de tombes l'avaient trouvé.

Le 17 janvier 1903, Howard Carter en avait fait de même. Thoutmosis IV était le fameux 43. Et la première grande découverte de sa carrière.

Il avait dû attendre deux semaines avant que son mécène, Theodore Davis, ne revienne de la croisière qui l'avait entraîné jusqu'à Assouan. La visite que Carter organisait à son retour marquerait l'officialisation de sa découverte.

Davis avait fait l'acquisition de la concession en 1902, et avait immédiatement engagé Carter pour mener les fouilles. La première saison ne s'était pas révélée très concluante, avec pour seul butin la sépulture d'un noble peu important ainsi qu'une boîte contenant deux pagnes de cuir.

Pour la saison de 1903, il choisit de creuser une petite vallée oubliée au sein de la grande. Ses hommes ne tardèrent pas à mettre au jour l'entrée d'une nécropole et de nombreux petits récipients pris dans la roche, auxquels les Égytiens attribuaient des pouvoirs magiques.

C'est dans cette entrée que Carter accompagnait maintenant son groupe.

Le chemin descendait rapidement. Un fonctionnaire frappé d'embonpoint avait toutes les difficultés à franchir un étroit passage. Apitoyé par ses risibles tortillements, Carter vint littéralement le tirer de là pour pouvoir continuer. Il était envahi par l'adrénaline et la fierté de sa découverte, et commentait le contenu de la tombe en un monologue saccadé : ici un char de guerre, là le sarcophage, là-bas la « masse de magnifiques débris » répandus aux quatre coins de la salle funéraire – probablement par les pilleurs de tombes d'autrefois.

L'air était nauséabond. Carter se disait qu'il faudrait prévoir des ventilateurs et des tuyaux d'aération pour la suite des fouilles. Mais pour l'heure, c'était bien suffisant. Alors qu'il raccompagnait le groupe extatique vers l'extérieur en arpentant les dernières allées escarpées, Carter se dit qu'il avait effectué une bonne journée de travail. D'une certaine manière, il se sentait lui-même… un peu comme un dieu.

Le thé et le déjeuner les attendaient sur une table soigneusement dressée. Les membres du groupe, clairement impressionnés par ce qu'ils avaient vu, ne tarirent pas d'éloges sur Carter et Davis lors du repas. Carter détourna les compliments en direction de son égocentrique patron, qui commençait à se prendre pour un véritable égyptologue plutôt que pour un simple mécène. Les félicitations fusaient de toutes parts, et chacun proclamait que la saison des fouilles allait être on ne peut plus fructueuse.

— Tout le mérite revient à M. Davis ! déclara Howard Carter sans en penser le moindre mot.

C'est à moi que revient tout ce mérite… et peut-être aussi un peu à Thoutmosis IV, se disait-il en silence.

Vallée des Rois
12 février 1904

Carter parvenait à peine à respirer, et le pauvre Percy Newberry était sur le point de tourner de l'œil tant l'air était vicié. Mais leur but était à portée de main, et ils déployèrent toutes leurs forces pour atteindre la dernière salle funéraire qui restait à découvrir.

Peu de temps avant ce grand moment, Carter avait réitéré son exploit. Aussi incroyable que cela puisse paraître, quelques semaines seulement après la découverte du tombeau de Thoutmosis, il avait mis au jour une autre nécropole du même côté de la vallée. Avec une momie dans son cercueil.

L'identité du défunt restait inconnue à ce jour, mais il n'en demeurait pas moins que Carter avait fait une découverte majeure. Quelque temps auparavant, il avait repéré des preuves attestant qu'on était en présence du site funéraire d'Hatshepsout. De l'autre côté de la montagne, le temple de la pharaonne était parfaitement aligné avec le tombeau qu'il venait de trouver dans la vallée. D'après lui, il était même possible qu'un tunnel reliât les deux sites.

« Je n'espère pas une tombe intacte », avait-il écrit à Édouard Naville, en évoquant le rêve de tout égyptologue de tomber sur une chambre funéraire vierge.

« Les eaux de pluie sont un de mes pires ennemis, mais croisons les doigts. »

Carter avait entièrement raison. Les tempêtes qui nettoyaient les flancs des montagnes de leurs débris envoyaient des tonnes de pierres et de sable dans les ouvertures des tombes, où la pluie finissait par les rendre dures comme du ciment. Depuis mi-octobre, ses hommes travaillaient à la pioche dans les couloirs du caveau, dégageant peu à peu la terre compactée.

Des morceaux de poterie et d'autres objets funéraires avaient été trouvés dans cet amas, confortant Carter dans l'espoir qu'une momie de pharaon puisse être enfouie ici. S'il découvrait Hatshepsout, ce serait l'apogée de sa carrière et l'assurance d'une renommée mondiale.

Après quatre mois de travaux, les ouvriers avaient finalement atteint la salle funéraire. Percy Newberry et Carter firent tomber le bloc de pierre et de terre qui lui servait de porte. Les deux hommes entrèrent.

Une vague d'un air absolument irrespirable les submergea d'un coup. Après quelques pas à l'intérieur, Newberry ne tint plus et donna à Carter le signal du repli en chancelant en arrière. Mais Carter continua d'avancer. Comment aurait-il pu en être autrement ? Cela faisait treize longues années qu'il se tuait à la tâche pour ce jour, pour cette découverte.

La chaleur et la puanteur jouaient pourtant contre lui. La moindre maille de ses vêtements était saturée de sueur, et il suffoquait plutôt qu'il ne respirait.

La tombe, comme il l'avait prédit, était intacte. Mais elle ne contenait qu'un sarcophage vide, une urne canope et des vases brisés portant les noms d'Hatshepsout et de son père.

Des objets d'intérêt historique, rien de plus. Et c'était justement ce plus qu'il recherchait.

Howard Carter ne pouvait plus se contenter de localiser des tombeaux. Il lui fallait maintenant des tombes d'exception, inviolées à travers les âges, et recelant les fabuleux trésors ensevelis avec les pharaons.

« Quand Carter émergea du tombeau, écrivit un ami de Theodore Davis, il n'était qu'une horrible chose trempée et dégoulinante, au visage et aux mains recouverts d'une poussière noire. Il était aussi très malade et dut garder le repos pendant quelque temps. »

Pourtant, dès le lendemain, il était de nouveau à pied d'œuvre, en quête de cette insaisissable tombe vierge qui ferait connaître son nom au monde entier.

Peut-être serait-ce celle d'Hatshepsout. Ou bien celle d'un autre pharaon, encore plus important.

La chasse au trésor continuait, et pour tout dire, Howard Carter était désormais incapable de vivre autrement.

Amarna
1335 av. J.-C.

Néfertiti pleurait comme elle n'avait jamais pleuré de toute sa vie.

— Ay ! hurla-t-elle soudain. Amenez-moi Ay, j'ai besoin de le voir immédiatement !

Le scribe royal arriva en courant dans la chambre du pharaon. Néfertiti sanglotait au pied du lit, son corps gracieux drapé d'une robe sophistiquée. Le pharaon reposait nu, sur le dos. Seul son bas-ventre était caché par une partie du drap du lit, dont Néfertiti l'avait pudiquement recouvert.

— Il est mort, annonça-t-elle avant qu'Ay ait pu prononcer un seul mot.

Leurs yeux se rencontrèrent, et dans ce bref contact, le feu qui brillait dans le regard de Néfertiti confirma que le pouvoir venait inexorablement de changer de main au sein du palais royal, en faveur de la jeune veuve. Elle n'était plus la femme du pharaon, mais la souveraine de toute l'Égypte, des royaumes du nord comme du sud. Elle était divine. Et Ay n'était toujours qu'un scribe – à condition qu'elle le laisse vivre.

Il s'éclaircit la voix.

— Que s'est-il passé ?

— Que pensez-vous donc qu'il s'est passé, scribe? N'est-ce pas évident? J'ai eu toutes les peines du monde à m'en dégager.

Le pharaon avait en effet pris beaucoup de poids à l'approche de la quarantaine, et Néfertiti, toujours aussi mince, devait peser moins de la moitié de son mari. Ay se représenta mentalement les biceps bronzés de la reine dans l'effort intense qu'ils avaient dû fournir pour repousser ce corps inerte après son ultime souffle.

— Je vais organiser les funérailles, votre majesté, déclara-t-il gravement. Je m'occupe de tout.

— N'oubliez pas les messagers, ordonna-t-elle, la lèvre inférieure tremblante. Envoyez-les à Thèbes et à Memphis. Qu'on annonce à tous que le grand pharaon est mort.

— Majesté, croyez-vous que cela soit bien sage? Je veux dire, avant de savoir qui succédera à Akhenaton?

Le scribe royal la dévisageait avec insolence. Ay était assurément un homme très puissant au sein du royaume, et il s'irritait de devoir obéir à une femme, quelle qu'elle soit.

Néfertiti le toisa froidement.

— Auriez-vous oublié que le pharaon a eu un enfant en dehors des liens du mariage?

Sa voix était pleine de sarcasme. Elle avait aussi donné un héritier à Akhenaton depuis leur arrivée à Amarna, mais l'enfant n'avait pas survécu.

— Quand le moment sera venu, quand il sera devenu un homme, j'offrirai le trône au fils de mon mari. Mais, pour l'heure, *je* suis le pharaon, Ay. Que cela soit bien clair pour vous.

Elle se tut et jeta un nouveau regard sur le corps d'Akhenaton.

— Il suffit, maintenant. Laissez-moi en paix avec mon époux. Allez faire votre travail.

Ay baissa les yeux et tourna les talons, quittant la chambre ensoleillée. Il ferait ce qu'on attendait de lui. Pour le moment, en tout cas.

Amarna
1335 av. J.-C.

Néfertiti contempla son mari et s'assit à son côté sur le lit, caressant son crâne fraîchement rasé. De son doigt, elle traça une ligne jusqu'à sa poitrine, puis contempla son visage, tentant d'en mémoriser les moindres détails.

C'étaient leurs derniers instants ensemble, et elle voulait se souvenir de l'homme puissant qu'il avait autrefois été, non du pharaon faible et fantasque qu'il était ensuite devenu. Elle frissonna en songeant à ce qu'il allait advenir de ce corps qu'elle connaissait si bien.

Elle posa son index sur l'arête de son nez. C'est de là que partiraient les embaumeurs royaux, en glissant un long crochet des narines jusqu'au cerveau. Ils introduiraient l'instrument à l'intérieur de ce magnifique et excentrique crâne et l'y agiteraient jusqu'à ce que les tissus gélatineux cèdent et ne soient plus qu'une vile substance grisâtre ressortant par le nez.

Puis ils retourneraient le corps, positionnant la tête à la bordure d'une table d'albâtre pour laisser la cervelle s'écouler dans un seau recouvert d'or.

Néfertiti mit sa main sur le flanc de son mari, imaginant l'endroit où ils allaient l'ouvrir pour retirer d'une main viscères et organes internes.

Qui allait se charger de cette tâche? Serait-ce un vil petit homme à la barbe sale et aux ongles noirs de crasse? Ou un grand professeur, choisi pour effectuer la momification du roi en raison de ses connaissances académiques sur les coutumes à respecter pour entrer dans le monde d'après?

Posant la main sur le sternum d'Akhenaton, Néfertiti sourit. Elle avait si souvent appuyé sa tête à cet endroit, et entendu battre son cœur. Au moins ce muscle resterait-il dans son corps. Comme tous les Égyptiens, elle croyait qu'il était la source du savoir et de la sagesse, et qu'Akhenaton allait avoir besoin de sa grandeur pour subir les rituels magiques qui lui redonneraient vie.

Soixante-dix jours, pensait-elle. C'était le temps qu'il fallait pour l'ensemble du processus de momification.

Soixante-dix jours à faire sécher le corps dans le désert afin qu'il ne se décompose pas avant d'atteindre l'au-delà.

Soixante-dix jours avant qu'on ne place son époux dans sa tombe, à plus de dix kilomètres de l'endroit où elle était actuellement assise.

Délaissant les autres pharaons enterrés dans la Vallée des Rois, Akhenaton avait choisi un lieu situé en bordure d'Amarna. Une superbe vallée rien que pour lui, inondée de soleil, où il pourrait se réjouir éternellement de la majesté d'Aton.

— Un jour, je t'y rejoindrai, murmura Néfertiti en déposant un baiser sur les lèvres qui avaient parcouru chaque centimètre carré de son corps.

Elle le regarda une dernière fois et quitta la chambre. Son mari était mort. Leur fils aîné étant parti avant lui, il ne restait plus qu'un garçon pour assurer la succession.

Il lui incombait désormais de diriger le pays à ses côtés, jusqu'à ce qu'il devienne adulte.

Elle fit un signe à sa dame d'honneur, une grande femme dont la beauté n'avait rien à envier à celle de Néfertiti.

— Oui, ma reine?

— Va me chercher Toutankhaton.

Palm Beach, Floride
Époque actuelle

L'un des objets les plus fascinants découverts dans la tombe de Toutankhamon est un mannequin sans bras arborant une couronne. Probablement avait-il servi à porter les vêtements du monarque avant l'ultime habillage. Le visage du pharaon est peint sur le mannequin ; c'est celui d'un garçon à l'air doux, gentil et avisé.

Ce matin-là, comme souvent, j'arpentais le terrain de golf de Donald Trump à West Palm, mon préféré entre tous. Mais mon esprit était ailleurs. Avec Toutankhamon. Ce mystère se révélait tellement incroyable que j'en devenais presque aussi obsédé que Howard Carter avait dû l'être.

Avec tout le respect que je vous dois, Alex Cross et Michael Bennett, je ne reviendrai à vos scènes de crime qu'une fois que j'en aurai fini avec Toutankhamon. J'ai encore des preuves à rassembler.

Le processus d'écriture était complètement différent pour moi, principalement à cause de toutes les recherches nécessaires. J'avais eu la chance de rencontrer Martin Dugard, un écrivain aussi généreux que talentueux qui s'était déjà rendu à Londres, puis dans la Vallée des Rois, afin de rendre l'histoire aussi authentique que possible, mais par-dessus tout pour tenter de résoudre l'énigme du meurtre.

Cette histoire avait un tel potentiel ! Bien supérieur à la plupart, ou peut-être même à tous les romans policiers. On y parlait de rois, de reines. De trésors enfouis. D'un explorateur qui me faisait penser à un Indiana Jones mal léché. Et du meurtre d'un tout jeune homme, ainsi, probablement, que de celui de sa dulcinée.

En revenant à mon bureau, j'ai trouvé un gros dossier constitué par mon infatigable assistante, Mary Jordan. Les éléments tendant à prouver qu'il s'agissait bien d'une histoire de meurtre commençaient à s'accumuler.

Un communiqué de presse du 8 mars 2005 avait annoncé les résultats d'un CT scan[1] intégral de la momie de Toutankhamon par les autorités égyptiennes. C'est cette étude qui mena Zahi Hawass – le secrétaire général du Conseil suprême des antiquités égyptiennes – à annoncer que Toutankhamon était mort d'une infection causée par une fracture à la jambe ayant provoqué une gangrène.

L'affaire avait l'air entendue pour le secrétaire général, jusqu'à ce que je lise, un peu plus loin : « Le fémur gauche brisé ne montre aucun signe de calcification ni d'hématome. »

Ces deux phénomènes auraient pourtant dû se développer immédiatement après la chute incriminée.

En fait, une partie de l'équipe qui analysait les résultats du CT scan refusait d'admettre que cette fracture soit à l'origine du décès. Pour eux, la jambe avait été cassée accidentellement *après* la découverte du tombeau, lorsque quelqu'un avait essayé de bouger le corps.

L'élément de preuve que je découvris ensuite était plus étrange encore : les rayons X avaient précédemment mis en évidence un épaississement local du

1. De l'anglais *Computerized Tomography*: série de radiographies mises en valeur par ordinateur. *(N.d.T.)*

crâne ainsi qu'une membrane calcifiée, ce qui peut se produire lorsqu'un caillot de sang se forme autour d'une zone traumatisée. On appelle cela un hématome subdural. Peut-être le comité d'investigation égyptien avait-il essayé de justifier la théorie de la jambe cassée sans prendre le temps nécessaire d'examiner la blessure à la base du crâne de Toutankhamon?

Les précédents rayons X étaient l'œuvre de R.G. Harrison, un anatomiste britannique ayant effectué un travail colossal sur Toutankhamon dans les années 1960-1970.

Harrison ne s'était pas contenté de simplement passer le squelette aux rayons X: il avait aussi pris la peine d'isoler le crâne des autres os et de le scanner séparément. Ses observations l'amenèrent à suspecter une origine criminelle au décès.

Cela me semblait très pertinent. L'hématome subdural pouvait avoir été provoqué par un coup très fort porté à la tête, qui n'aurait entraîné la mort que quelques semaines plus tard. Entre-temps, la blessure due au coup se serait transformée en un caillot de sang – l'hématome subdural –, caillot qui allait ensuite se calcifier.

J'étais donc de plus en plus perplexe face à l'annonce décrétant que le décès de Toutankhamon était dû à une fracture de la jambe.

Une hypothèse contradictoire me semblait plus vraisemblable, et excitait encore davantage ma curiosité. En combinant le rapport de 2005 avec les rayons X de 1969 et 1978, il apparaissait que la jambe du pharaon n'avait pas été cassée de son vivant, et qu'il souffrait d'un traumatisme crânien à l'arrière de la tête.

Alors, si Toutankhamon avait été assassiné, peut-être sous les coups, qui était l'auteur du crime?

Vallée des Rois
1907

Comment les puissants sont-ils tombés !

Howard Carter se trouvait devant le Winter Palace Hotel, une pochette pleine d'aquarelles sous le bras. Il portait une veste élimée, avec de vilaines taches sur les manches. Ses chaussures, au cuir râpé et déformées, n'avaient pas meilleure allure.

Il installa son chevalet près du grand escalier de marbre menant au hall de l'hôtel, en priant pour qu'un de ces imbéciles de touristes ait un coup de cœur pour l'une de ses peintures. Une vente lui permettrait de payer son whisky et ses cigarettes, et peut-être même un repas décent dans cet hôtel. S'il était désormais presque un vagabond, Howard Carter avait néanmoins conservé le besoin d'un certain standing.

Ses ennuis avaient commencé lorsqu'il avait été muté loin de la Vallée des Rois par le Service des antiquités. Ce nouveau poste, près du Caire, impliquait que, de son côté, Davis embauchât un autre égyptologue. Pis encore : la gestion de la nécropole de Saqqarah se révéla un véritable cauchemar administratif pour Carter.

Il autorisa un jour ses gardes égyptiens à utiliser la force contre un groupe de touristes français complètement ivres. Bien que l'intervention fût justifiée, l'incident prit une envergure internationale. Et après neuf de mois de honte et de déshonneur croissants, Carter fut contraint de démissionner.

Pour tout dire, sa seule envie était de rejoindre la vallée. Il espérait encore y trouver la momie d'Hatshepsout, voire l'éternel insaisissable tombeau vierge dont il rêvait toujours.

Si les dernières études menées dans la vallée étaient exactes, ce tombeau pourrait être celui d'un pharaon oublié depuis longtemps, appelé Toutankhamon. Il semblait s'être littéralement perdu dans les méandres de l'histoire, ou en avoir été banni.

Son nom ne figurait dans aucun des temples et sur aucun des autels où la succession des pharaons avait été gravée dans le marbre. En 1837, l'égyptologue britannique Sir John Gardner Wilkinson avait bien relevé son nom sur une statue mais, excepté cette unique mention, Toutankhamon était littéralement inconnu.

Ironie du sort : ce fut l'Américain Theodore Davis, l'homme que Carter avait intéressé à l'achat d'une concession dans la vallée, qui tomba sur une nouvelle preuve remarquable de l'existence de Toutankhamon.

Vallée des Rois
1907

Cette incroyable histoire, telle qu'on la raconta à Carter, débuta alors que Theodore Davis et Edward Ayrton, son nouvel égyptologue en chef, faisaient une petite pause dans la chaleur étouffante du milieu de journée.

Comme à l'accoutumée, la vallée regorgeait de touristes européens, impatients de découvrir les antiques sépultures. Si Davis était du genre à adorer se faire passer de la pommade, il ignorait désormais totalement les regards d'admiration qui le suivaient où qu'il aille.

Au loin, les ânes brayaient dans leur enclos, et cette rengaine se mélangeait au rythme lancinant des coups de pioche donnés par les ouvriers dans le sol ocre, si dur à creuser. Tels étaient les sons de la vallée en période de fouilles. Après quatre saisons de recherches, ils étaient devenus on ne peut plus familiers à l'oreille de Davis.

D'une certaine manière, la Vallée des Rois « appartenait » désormais aux deux hommes. Davis était seul détenteur des droits de fouilles du site, et le jeune Ayrton – formé lui aussi par Petrie – était dorénavant son bras droit. La saison s'était révélée fructueuse jusqu'alors, avec la découverte du tombeau du pharaon Siptah le 18 décembre, soit le lendemain du vingt-troisième anniversaire d'Ayrton.

Ce jour-là, le soleil de janvier les avait poussés à rechercher un coin d'ombre dans la zone sud-ouest de la vallée, où ils prenaient un moment pour planifier leur prochaine excavation.

Ayrton fumait tranquillement tandis que l'excentrique Davis semblait fixer quelque chose au loin.

« Mon attention fut attirée par un gros rocher incliné d'un côté, se remémora-t-il plus tard, et pour je ne sais quelle obscure raison, cela piqua ma curiosité. »

Les deux hommes se mirent en route sous le soleil écrasant. Cela faisait seulement quelques mois que Davis avait engagé le fluet Ayrton, mais ce dernier était déjà bien rodé au comportement impulsif de son chef. Si Davis voulait inspecter ce rocher, il faudrait inspecter ce rocher.

Ayrton évalua le bloc sous plusieurs angles. Remarquant soudain quelque chose d'étrange, il s'agenouilla et commença à dégager la terre meuble à sa base. C'est là qu'il fit une trouvaille spectaculaire, enfouie depuis des lustres.

Davis écrivit plus tard : « C'est en creusant de ses propres mains que M. Ayrton, mon assistant, a délicatement dégagé, puis examiné cette belle coupe bleue. » L'objet était en faïence, et, à l'exception de quelques fêlures, en parfait état.

Les Égyptiens de l'Antiquité utilisaient de telles coupes à l'occasion des funérailles, et celle-ci était estampillée du nom d'un pharaon : Toutankhamon. Qui que fût ce Toutankhamon, cette coupe indiquait probablement qu'il avait été enterré dans la Vallée des Rois.

Davis avait auparavant fait fortune en tant qu'avocat, et il pratiquait l'égyptologie pour son plaisir. Sa technique était donc peu académique. Le petit homme à la moustache géante avait fait fuir plusieurs égyptologues de talent tant il avait mauvais caractère. Plusieurs plaintes avaient également été déposées contre lui pour la façon qu'il avait de dévaliser les tombes plutôt que d'en consigner les contenus au bénéfice des historiens.

Pourtant, il était indéniable que Davis détenait un quasi-monopole sur la Vallée des Rois. Et tant que le filon ne serait pas épuisé, il n'abandonnerait pas sa concession.

La « belle coupe bleue » était maintenant entre ses mains. Davis ajouta le nom de ce mystérieux nouveau pharaon à sa liste des sépultures à retrouver. Il n'avait aucun doute sur le fait que ce serait lui qui y parviendrait.

Howard Carter, quant à lui, occupé à gagner sa vie en vendant des aquarelles aux touristes, ne pouvait aucunement exploiter cette découverte. Il s'empressa donc de l'oublier.

Toutankhamon demeurait caché quelque part dans la vallée, attendant tranquillement que quelqu'un vienne le découvrir.

Amarna
1335 av. J.-C.

Le soleil du matin, si bienfaiteur et omniscient, vint bénir Néfertiti alors qu'elle attendait Toutankhaton dans ses quartiers privés. Akhenaton était mort depuis quelques heures seulement. Elle avait déjà choisi plusieurs pleureuses, qui viendraient ostensiblement montrer leur douleur aux funérailles de son époux, frappant leur poitrine dénudée et s'arrachant les cheveux.

Le moment était venu pour la reine et son garçon d'avoir une conversation d'adultes sur son futur, et sur celui de toute l'Égypte.

Néfertiti adorait Toutankhaton, alors âgé de six ans. Ses yeux bruns pleins de confiance, sa passion pour les jeux de plateau, et même ses questionnements sans fin sur la famille royale : tout cela lui plaisait, au point que rien qui le concernât ne devait sortir de ces murs pour atteindre Thèbes ou Memphis. En fait, Néfertiti aimait tout en lui, à l'exception de ce détail fort agaçant : il n'était pas son fils biologique.

Étant une femme intelligente et pragmatique, Néfertiti avait compris qu'un pharaon puisse avoir des besoins qu'une seule femme ne pouvait suffire à combler. Mais en tant que personne passionnée et reine peu habituée à être traitée à la légère, elle avait été furieuse lorsque Akhenaton avait épousé et engrossé cette Kiya. Le grand Aton s'était montré juste et sage en ôtant la vie à cette femme dès la naissance de leur fils. Après quoi, Néfertiti avait fait en sorte qu'il n'y eût plus jamais de seconde épouse à la cour royale.

Elle exauçait tous les désirs de son mari, et lorsqu'elle ne le pouvait pas, elle l'encourageait à fréquenter les filles de son harem, car il était évident qu'un pharaon, même extravagant comme Akhenaton, n'épouserait jamais une simple prostituée.

C'est ainsi que Néfertiti commença à élever Toutankhaton comme son propre fils. L'enfant n'avait jamais connu sa mère, et, bien qu'on lui eût fait part de son existence et de sa mort tragique, il était encore trop jeune pour comprendre qu'on pouvait avoir été conçu dans le ventre d'une femme, et élevé dans les bras aimants d'une autre.

— Vous vouliez me voir, mère?

Il était à la fois si innocent et plein de vie... Néfertiti se sentait le cœur réchauffé rien qu'à le regarder. Elle l'aimait profondément. Ce qui n'était pas le cas de tous au palais, où il représentait déjà un rival haï pour certains.

— Oui, viens, Toutankhaton. Assieds-toi près de moi. À côté de ta mère.

L'enfant avança pieds nus sur le sol carrelé pour venir se blottir sur le divan, près de Néfertiti.

— J'ai appris pour le pharaon, annonça-t-il doucement. Je suis désolé.

Elle mit la main sous son menton et le releva jusqu'à ce que leurs yeux se rencontrent.

— Ton père allait mal depuis un certain temps, lui dit-elle.

— Comment est-il mort?

Des questions, comme d'habitude. Elle ne pouvait lui livrer la vérité, mais n'avait pas non plus le cœur à lui mentir.

— Il est mort dans un éclat de joie. Son cœur était tellement rempli de bonheur qu'il a explosé.

Et voilà. Pas si mal.

— Toutankhaton, il y a autre chose dont nous devons parler. Je veux que tu écoutes bien ce que je vais te dire maintenant.

— Oui, mère?

— Tu n'es qu'un petit garçon, et tu n'as pas encore reçu toute l'éducation qu'un pharaon doit posséder. Mais tu dois comprendre que tel est ton destin.

L'enfant l'arrêta.

— Je ne comprends pas.

— Un jour, tu seras pharaon, Toutankhaton.

— Mais je ne veux pas être pharaon, moi! Pourquoi ce ne serait pas vous, le pharaon, mère?

— Ce n'est pas considéré comme la meilleure chose, qu'une femme dirige l'Égypte. Mais puisque je suis de sang royal, je vais trouver le moyen de gouverner aussi longtemps qu'il le faudra pour que tu aies le temps d'apprendre à être un grand pharaon.

— Combien de temps ça prendra, mère?

— Une douzaine d'années, peut-être moins. Tu es tellement intelligent! Mais nous avons le temps. Ce qui compte, c'est que tu apprennes à être sage, fort et plein de compassion pour le peuple d'Égypte, comme l'était ton père. C'était un homme bon, toujours.

— Smenkharê aurait fait un bon pharaon, déclara Toutankhaton. Et c'était votre fils. Ce jour doit vous rendre bien triste.

La pertinence de ce garçon y était pour beaucoup dans l'amour qu'elle lui portait.

— Smenkharê est mort, Toutankhaton. Ce doit être toi.

Elle n'ajouta pas qu'elle n'avait jamais aimé son propre fils autant qu'elle l'aimait, lui. Elle avait bien essayé, pourtant. Mais il n'y avait pas de flamme dans les yeux de Smenkharê, et elle ne ressentait que peu d'affinités avec lui. Une telle personne n'aurait pas été capable de gouverner l'Égypte. Il semblait donc presque plus normal que cette mission échût désormais au petit garçon précoce qui se tenait à ses côtés.

Il approuva d'un simple mouvement de tête.

— Alors, je dois faire quoi maintenant? Aidez-moi, mère.

— Tu vois comment nous sommes assis ici? Toi et moi, tout près l'un de l'autre?

— Oui, bien sûr.

— Eh bien, dans un premier temps, c'est de cette façon que nous allons diriger l'Égypte. Nous deux, côte à côte. Comme tu es très jeune, c'est moi qui prendrai les décisions. Mais quand tu deviendras un homme, ton rôle sera de plus en plus important, jusqu'à ce que tu aies les connaissances pour pouvoir faire les bons choix.

— Et alors, je serai pharaon?

— Oui, Toutankhaton. Et je sais que tu réaliseras de grandes choses. Tu seras un pharaon que le peuple n'oubliera jamais.

Amarna
1334 av. J.-C.

Tel était le plan pour l'enfant destiné à être roi. Mais l'avenir allait en décider autrement, bien autrement. Une fois de plus, la mort se mettrait en travers du chemin. Peut-être même le crime.

— Vous vivez dans une maison pleine de femmes, assena l'instructeur militaire. Pour être pharaon, vous devez devenir un homme. Un jour, vous serez aussi grand et fort que moi. Quand j'aurai fini de vous instruire, personne n'osera vous défier.

En observant les biceps rebondis et la poitrine massive de son instructeur, Toutankhaton avait du mal à croire que cela puisse un jour être vrai, mais il l'écouta attentivement. Ils se trouvaient dans une vaste prairie verdoyante sur la rive ouest du Nil. C'était le mois de février. Un soleil bienveillant embrassait la terre.

Toutankhaton était un enfant fluet, avec un petit bec-de-lièvre qui le faisait légèrement zézayer, mais dont les traits avaient par ailleurs la finesse de ceux de sa mère. Ses bras étaient fins, et ses petits pieds chaussés de sandales soutenaient des jambes guère plus épaisses. Au moment de sa mort, il mesurait environ un mètre soixante-quinze, et était encore menu.

— Êtes-vous prêt, sire? demanda l'instructeur.

Le garçon essaya de répondre, mais, nerveux, ne parvint qu'à émettre un léger bruit de gorge. L'instructeur réprima un sourire.

— Voyons quels types d'arcs nous allons utiliser dans notre pratique du tir, annonça le soldat.

La liste était longue et trop impressionnante pour que Toutankhaton s'en souvienne à son premier énoncé, même si l'instructeur insista sur le fait qu'il devrait tous les maîtriser, ainsi que le bouclier et la masse, le combat d'épée, le lancer de javelot, la conduite de char attelé, la course à cheval, le combat à mains nues, avec cuirasse, poignards, bâtons de jet, boomerangs, massues et haches de guerre. Pour la leçon d'aujourd'hui, il avait prévu des arcs composites à double courbure, un « arc d'honneur » composite à courbure simple, un arc triangulaire et de petits arcs personnels. C'était tout ce qu'il avait à apprendre pour cette fois.

Les arcs étaient faits de bouleau, qu'on enveloppait de tendons et d'écorce pour renforcer leur résistance. Des décorations en ivoire et à la feuille d'or ornaient la courbe de leurs branches. Le grand arc de l'instructeur était plus haut que Toutankhaton, alors que celui de l'enfant lui arrivait à peine à la taille quand on le posait au sol.

L'homme plaça un arc de bois entre les petites mains de son élève.

— Maintenant, écoutez-moi bien. Vous aurez besoin d'eux dans l'au-delà. Le jour où l'on vous enterrera, tous vos arcs seront ensevelis avec vous. Alors apprenez bien à vous en servir, majesté. Les règles du combat vous seront très utiles… pour toujours.

Toutankhaton plaça une flèche dans l'arc et tira la corde en arrière. Le coup atteignit directement la cible, dès le premier essai – même si celle-ci n'était pas bien loin.

— Excellent, sire. Vous êtes doué, à n'en point douter.

Amarna
1334 av. J.-C.

— Vous êtes en retard. Je ne saurais tolérer votre conduite, Toutankhaton.

Le garçon se rua dans la salle de classe de l'école du prince, la boue du Nil encore collée à ses semelles, son arc favori entre les mains. Sa chasse aux canards entre les roseaux l'avait tellement absorbé qu'il n'avait pas vu venir l'heure de son cours. Il n'avait pas eu le temps de se nettoyer, et désormais, pharaon en apprentissage ou pas, il devrait affronter la colère de son professeur.

— Maître, je...

— Silence. Je ne veux pas entendre un mot. Asseyez-vous et mettez-vous au travail.

Le professeur était un jeune homme maigrelet et probablement anorexique qui voletait de par la pièce comme un oiseau nerveux, plus qu'il n'y marchait. Toutankhaton aimait beaucoup faire rire sa sœur en le singeant, mais celle-ci était déjà trop hilare des mésaventures de son frère pour qu'il eût besoin de tenter une blague.

La punition habituelle pour les retards était de recopier cent fois l'alphabet des hiéroglyphes sur un morceau de parchemin, et le professeur savait qu'elle représentait une torture absolue pour le jeune garçon.

Il avait maintenant huit ans, et tout son intérêt allait aux cours de char attelé. Deux heures de copie sur parchemin, c'était deux heures de moins à parcourir le désert, les rênes du char en main.

À l'inverse de son père, Toutankhaton brûlait d'impatience en songeant au jour où il mènerait les guerriers de l'Égypte à la bataille. Il s'imaginait aux commandes d'un superbe char, deux chevaux puissants galopant devant lui, suivi par des milliers d'hommes prêts à obéir au moindre signe de sa part. Ce n'était, d'ailleurs, pas une simple rêverie, mais une réalité qui n'allait pas tarder à se produire.

— Bien fait, pharaon! chuchota sa sœur Ankhesenpaaton.

Bien qu'âgée de seulement un an de plus que lui, elle avait la maturité des enfants profondément pragmatiques. Elle était aussi d'une grande beauté, encore plus que son frère.

Le professeur reprit:

— Le jour où vous régnerez sur l'Égypte, quand vous serez vraiment pharaon, vous pourrez me faire exécuter pour mon insolence si cela vous plaît. Mais pour l'heure, c'est moi qui dirige cette classe, et vous ferez exactement ce que je vous demande, à commencer par arriver à l'heure. Me suis-je bien fait comprendre, Toutankhaton?

Le visage rouge de colère, ce dernier hocha la tête, mettant un bout de roseau entre ses lèvres et prenant bien soin d'éviter le regard de sa sœur qui ne se tenait plus de rire devant ses déconvenues. Il mâchonna le roseau et sentit bientôt les fibres se rompre pour former une sorte de pinceau souple dans sa bouche.

Il trempa son nouvel instrument d'écriture dans un bol d'eau et le mit en contact avec un bloc d'encre solide. Il put alors dessiner sur son parchemin, ses petites mains traçant sans effort les faucons, chouettes, pieds et la kyrielle d'autres images constituant l'alphabet de hiéroglyphes.

Mais le calme de la pièce et la chaleur de l'après-midi eurent vite raison de sa vigilance. Il adorait être dehors, et souffrait de devoir rester enfermé par une aussi belle journée.

Toutankhaton avait hâte de nager dans le Nil, l'œil aux aguets contre les crocodiles. Ou d'emmener sa chère Ankhesenpaaton en promenade dans son char. Ou bien simplement de se poster au sommet d'une montagne, à admirer les reflets pourpres d'un rocher éloigné, se délectant de l'idée fantastique qu'un jour, aussi loin que l'on puisse regarder, toute cette terre serait sous son autorité.

Ce n'était pas une rêverie non plus. C'était bien la réalité.

Amarna
1334 av. J.-C.

Tout en traçant ses hiéroglyphes, Toutankhaton gardait un œil sur ce maudit professeur qui lui gâchait sa jeunesse. Une nouvelle punition, en plus de toutes celles qu'il avait déjà récoltées, était bien la dernière chose dont il avait besoin. Néfertiti s'était montrée très claire au sujet de ses études : s'il échouait dans une matière, ou s'y révélait médiocre, il n'aurait plus le droit de franchir les murs du palais. Le garçon n'aurait pu imaginer pire châtiment.

C'est alors qu'à sa grande surprise il vit que le doux et chaud soleil de l'après-midi qui l'avait distrait commençait également à jeter un sort sur son professeur. Il observa l'homme se détendre dans son fauteuil et fermer lentement les paupières. Sa tête partit en arrière et sa bouche s'ouvrit légèrement, tant et si bien qu'au bout de quelques secondes un ronflement se fit entendre dans la pièce.

Ankhesenpaaton porta une main devant sa bouche pour retenir son rire. Son frère posa doucement son calame sur une palette d'ivoire et vint lui tapoter l'épaule en indiquant la porte de son pouce.

— Non, souffla Ankhesenpaaton. On ne peut pas faire ça. On n'a pas le droit.

Debout devant elle, Toutankhaton insista et lui prit le bras. Après un rapide coup d'œil en direction du professeur, dont les ronflements redoublaient, elle se leva aussi.

Les deux enfants royaux marchèrent sur la pointe des pieds jusqu'à la porte, jusqu'à la liberté tant espérée du monde de la rivière. Par précaution, Toutankhaton se saisit de son arc de chasse en sortant.

Le torse massif d'Ay se dressa alors soudain devant eux.

— Où pensez-vous donc aller comme ça? gronda-t-il, faisant sursauter de peur la petite fille.

Le professeur se réveilla d'un coup et sauta sur ses pieds. Ay agrippa les deux fugitifs par les bras et les traîna dans la salle de classe, enfonçant ses ongles dans le biceps du garçon.

— Lâchez-moi! hurla-t-il alors qu'Ay serrait de plus en plus fort. Un jour, je serai pharaon, et vous serez banni du palais, je vous le promets, scribe! Et vous aussi, professeur!

Toutankhaton parvint d'un coup à dégager son bras et se mit à courir comme un fou. Il ne s'arrêta qu'une fois arrivé sur les berges du Nil. Comble de la jubilation: Ankhesenpaaton avait suivi chacun de ses pas.

Amarna
1334 av. J.-C.

— Qu'est-ce que tu crois qu'ils nous feront, si jamais ils nous rattrapent? demanda Toutankhaton, tout sourires, couché entre les roseaux afin de ne pas être repéré par Ay ou cet autre diable de professeur.

Ankhesenpaaton était habituellement la voix de la raison. Rien n'avait donc plus étonné Toutankhaton depuis la mort de son père que sa décision impulsive de s'enfuir avec son frère. Mais quelle agréable surprise, cette fois! De celles qui vous font vous sentir moins seul au monde. Il lui était bon de savoir qu'il avait une alliée pour affronter l'inévitable punition qui leur pendait au nez après cette escapade.

Toutankhaton regarda sa sœur dans les yeux et sourit. Biologiquement, elle était sa demi-sœur, puisque fille de Néfertiti. Bien qu'ils eussent le même père, ils donnaient plus souvent l'impression d'être les meilleurs amis du monde que frère et sœur.

Elle était comme lui, et en même temps si différente. La chose était difficile à expliquer... mais pas l'amour qu'il lui portait. Comme il l'aimait, son Ankhe chérie!

— Ils ne nous frapperont pas, déclara Toutankhaton, répondant à sa propre question.

— Pourquoi dis-tu « ils »? demanda-t-elle. C'est mère qui décidera de notre punition.

— Ce n'est pas tout à fait comme ça que ça marche, expliqua-t-il patiemment. Ay et le professeur sont des hommes. Ils pensent qu'ils ont du pouvoir sur mère.

Dans l'apprentissage que Néfertiti dispensait à son fils pour qu'il devienne pharaon, elle avait bataillé pour lui permettre d'assister aux réunions importantes avec ses conseillers. Même un tout jeune garçon ne pouvait ignorer le fait qu'Ay convoitait le pouvoir que Néfertiti détenait. Le vizir jetait fréquemment des regards assassins à Toutankhaton, comme si sa seule présence l'offensait.

L'enfant avait peur d'Ay. Couché dans les roseaux, il frotta doucement la trace laissée sur son bras par les ongles de l'homme.

— Méfie-toi d'Ay, recommanda-t-il à sa sœur. Je ne lui fais pas confiance. Tu ne devrais pas non plus. Je crois qu'il veut épouser mère et devenir pharaon.

Ankhesenpaaton sourit à ces mots.

— Mais il ne peut pas. C'est toi, le pharaon.

— Pas s'il épouse la reine. Un mariage de sang royal autoriserait Ay à s'emparer du trône.

Toutankhaton se tut et releva la tête pour regarder un canard qui volait étendre ses ailes et les incliner vers le haut pour amorcer son atterrissage.

— Ça ne me plaît pas. Et d'ailleurs, Ay ne me plaît pas non plus, du tout, du tout. Il est méchant et malpoli avec mère.

— Il faut aussi qu'on se méfie de Meri-ré, le grand prêtre, avertit Toutankhaton.

— Pourquoi lui?

— Il a peur que quand je serai pharaon, je n'adore plus Aton.

— Il perdrait tout son pouvoir et son argent si c'était le cas.

— C'est ça, tu as tout compris. Tu es trop intelligente, tu sais.

— Et le général Horemheb, c'est un fourbe aussi. Garde un œil sur lui.

— Je garderai un œil sur chacun d'entre eux, déclara Toutankhaton.

Il eut soudain un geste qu'il n'avait pas prévu de faire : il se pencha et embrassa Ankhe. Plus surprenant encore, elle se laissa faire.

Certains alors d'avoir échappé à leurs poursuivants, les deux enfants sortirent de leur cachette et coururent jusqu'à la rivière en riant. Les crocodiles qui rôdaient dans les parages les effrayaient assurément moins que les hommes puissants qui les entouraient.

Thèbes
1908

Howard Carter avait été appelé.

Son vieil ami et chef du Service des antiquités Gaston Maspero voulait le rencontrer et discuter avec lui de son avenir. Depuis quatre ans qu'il avait quitté son poste, peu d'échanges de ce type avaient eu lieu. Il en était réduit à une existence précaire qui avait pratiquement laminé ses rêves – rêves dont la piètre subsistance le ridiculisait intérieurement.

L'invitation de Gaston Maspero était donc plus que bienvenue : peut-être salvatrice.

Huit kilomètres environ séparaient le Winter Palace Hotel de la Vallée des Rois. En se postant en haut du grand escalier de marbre qui donnait sur l'entrée principale de l'hôtel, on pouvait apercevoir, par-delà le Nil, les falaises délimitant l'arrière de la vallée. Par temps calme, quand le vent ne portait pas le sable du désert en nuages, elles semblaient quasiment à portée de main.

Howard Carter se sentait chaque jour en exil. Un homme moins passionné par l'égyptologie ne se serait jamais dévalorisé comme il avait pu le faire, arpentant les rues pour fourguer sa marchandise aux touristes, guère différent des hordes de chauffeurs, marins et autres mendiants qui colonisaient la route crasseuse des berges aménagées.

Tout comme eux, il vivait de maigres oboles. À dire vrai, s'il avait été égyptien et non européen, ses belles aquarelles auraient été totalement méprisées et ignorées.

Dire que la vie d'Howard Carter était une vraie débâcle aurait été un euphémisme. Il n'était plus que l'ombre de lui-même, à la fois hautain et sans le sou.

Pour améliorer ses maigres revenus de peintre, il faisait aussi commerce d'antiquités au marché noir, se rabaissant ainsi au niveau des hommes qu'il avait autrefois pourchassés pour pillage de tombes.

Il s'habillait malgré tout relativement bien, et gardait un goût prononcé pour la bonne chère et les hôtels de luxe, mais il dépendait pour cela totalement du bon vouloir de quelques riches bienfaiteurs. Pour comble de malheur, ses mécènes les plus précieux, Lord et Lady Amherst, avaient eux aussi traversé des temps difficiles. Ils avaient été contraints de vendre Didlington Hall en 1907, et la santé de Lord Amherst était défaillante. À trente-quatre ans, Howard Carter n'était plus qu'un pauvre flagorneur professionnel.

C'est alors qu'apparut, par l'entremise de Maspero, l'inimitable Lord Carnarvon.

George Edward Stanhope Molyneux Herbert, plus connu comme le cinquième comte de Carnarvon – ou, plus simplement, Sa Seigneurie –, était un homme pâle au visage canin et à la peau grêlée. Il fumait sans interruption en dépit de poumons fragiles, conduisait des voitures de course, possédait des chevaux, et prenait grand plaisir à avoir l'existence d'un riche et égocentrique bon vivant. Même l'accident de voiture qui faillit le tuer en 1901 n'avait pas empêché Carnarvon de continuer à dépenser son argent sans compter, et de mener une vie à ce point consacrée au plaisir que c'en était indécent aux yeux de beaucoup. Ce qui n'était certainement pas l'opinion de Carter.

Le Lord avait fait son premier voyage en Égypte en décembre 1905, pensant que le climat chaud et sec pourrait lui être profitable. Cette visite ainsi que celles qui s'ensuivirent excitèrent son appétit pour tout ce qui était égyptien.

Pendant tout l'hiver, il occupa une immense et magnifique suite au Winter Palace Hotel. Et là, peu à peu, l'homme pétri du moment présent qu'il était se transforma en adorateur du passé. Et de l'Antiquité.

Thèbes
1908

Désormais, comme beaucoup des hommes fortunés qui étaient tombés amoureux de l'Égypte et de la chasse au trésor, Lord Carnarvon voulait son propre terrain de fouilles.

Sa fortune ainsi que celle de Theodore Davis étaient bien connues. Depuis sa fenêtre du Winter Palace Hotel, Carnarvon avait vue sur le yacht de Davis, *Le Bédouin*, amarré de l'autre côté du quai. Robert Mond et le marquis de Northampton, des connaissances britanniques du Lord, possédant déjà de petites concessions, Carnarvon commença à songer qu'il lui plairait de déterrer un petit morceau d'histoire. Assurément, cela serait fort amusant.

Malheureusement, les résultats de la première année ne furent pas très encourageants. Ni amusants. Arthur Weigall, qui occupait à présent l'ancien poste de Carter d'inspecteur général des monuments en Haute-Égypte, considérait Carnarvon comme un amateur, et le tenait à l'écart. Il lui attribua un lot à Cheikh abd el-Gournah, dont la piètre réputation ne laissait rien espérer de fabuleux.

L'unique découverte des six premières saisons de fouilles fut celle d'un chat momifié dans son cercueil de bois.

Bien que déçu, Carnarvon chérissait sa trouvaille. Après tout, c'était sa première. Et l'égyptologie courait maintenant officiellement dans ses veines.

Le principal problème semblait résider en la personne de Carnarvon lui-même. Plutôt que d'employer un professionnel à la saison, c'était lui qui dirigeait les fouilles. Il s'installait chaque jour dans une boîte grillagée afin d'éviter les mouches, et fumait cigarette sur cigarette en regardant ses hommes – qui n'étaient pas une équipe de choc – travailler sous le soleil et la poussière.

Ce qu'il fallait à Carnarvon, comme on le lui répétait sans cesse, c'était un professionnel aguerri pour mener les recherches.

Et ce qu'il fallait à Howard Carter, c'était un riche mécène possédant une concession, pour le remettre dans la partie.

Entre deux saisons, Carnarvon écrivit à Weigall depuis l'Angleterre, en lui demandant « un homme déjà instruit, n'ayant [lui]-même pas le temps d'apprendre toutes les données nécessaires ».

Le fil conducteur de cette histoire fut Maspero, qui avait déjà rendu possible l'acquisition de la concession.

C'est ainsi que Carter fut appelé à se présenter devant Carnarvon et Maspero au Winter Palace Hotel, pour discuter des possibilités de mener une nouvelle excavation en bonne et due forme. Ses vêtements étaient dans un état plus que critique, et il tenait sous le bras son éternel portfolio, comme s'il se tenait prêt à immortaliser cette scène par un dessin, hypothèse désespérante mais pas impossible.

On lui demanda presque aussitôt s'il était partant pour se remettre au travail.

L'égyptologue déchu, frissonnant à l'idée que le destin lui donnait une seconde chance, s'empressa de dire oui. Il parvint même à contenir sa fameuse arrogance et son sale caractère pendant toute la durée de cette première rencontre.

Amarna
1333 av. J.-C.

— Qu'avez-vous, mère? demanda Toutankhaton.

Le beau petit garçon se tenait près de Néfertiti dans son jardin, entouré de figuiers, de palmiers-dattiers et d'un riche gazon bien vert. Sa mère était assise à l'ombre d'un jeune arbre. Ses traits étaient tirés. Tous deux savaient qu'elle était mourante, mais elle s'acharnait à nier l'évidence.

Aucun enfant n'était préparé à perdre sa mère à seulement neuf ans, si peu de temps après avoir déjà perdu son père.

Mais Toutankhaton n'était pas un enfant comme les autres. Il était de sang royal. De nature divine.

Il rejoignit sa mère sur le petit canapé. Il la regarda s'adosser pour essayer de se détendre, et sursauter de douleur quand sa peau entra en contact avec le dossier de la banquette.

— Je vais mourir, Toutankhaton, et je dois te dire quelque chose qui va peut-être te sembler bizarre.

— Ne dites pas ça, mère. Vous n'allez *pas* mourir.

— Mais si. Soit j'ai été empoisonnée, soit j'ai une maladie qu'Aton ne souhaite pas faire disparaître. J'ai donné l'ordre à mes serviteurs de hâter les préparatifs de ma chambre funéraire. Je n'en ai plus pour longtemps.

Néfertiti ferma les yeux dans un accès de douleur. Toutankhaton posa sa main sur les siennes avec douceur, afin de ne pas lui faire mal. Ce petit geste d'affection et de compassion fit sourire sa mère.

— Tu seras un grand pharaon. J'en suis certaine.

— Merci, mère.

Il se tut, hésitant à prononcer ce qui lui venait à l'esprit.

— Qu'y a-t-il? lui demanda Néfertiti.

— Vous me promettez de ne pas vous fâcher?

Elle marqua une pause, préparant sa réponse.

— Je te le promets. Maintenant, pose ta question. Tu dois toujours dire ce que tu penses, mon fils.

— Est-ce Ay qui vous a fait ça? Je vois bien la façon dont il vous regarde. Difficile de dire s'il vous déteste ou s'il vous aime profondément.

— Je pense qu'il y a un peu des deux. Mais non, je ne crains pas Ay. Toi, par contre, tu devrais. Tu n'es qu'un enfant, tu as besoin d'être protégé de ces hommes aussi puissants que dénués de scrupules, qui seraient trop heureux de te voir affaibli.

— Croyez-vous qu'il veut devenir pharaon?

— Oui, je le crois. Et il n'est pas le seul à rêver de gouverner l'Égypte.

— Mais… il n'est pas de sang royal.

— Toi non plus, Toutankhaton. Rappelle-toi, ta véritable mère n'était pas noble. Tu n'es royal qu'à moitié. Ta sœur est la seule personne dans ce palais à avoir une entière royauté de sang. C'est pourquoi je t'ai demandé de venir me voir.

— Que voulez-vous dire? De quoi parlez-vous, mère?

— Ankhesenpaaton ne peut régner comme pharaon parce que c'est une femme. Mais pour que tu sois, toi, pharaon, et pour avoir une descendance qui assure la transmission de notre sang royal, tu dois mêler ton sang à celui d'une femme entièrement royale. Me comprends-tu ?

— Mais Ankhesenpaaton est la seule à…

— C'est exact, Toutankhaton.

Néfertiti sursauta de nouveau sous la douleur.

— Ankhe est bien la seule.

— Donc, vous voulez dire que…

La voix de l'enfant s'éteignit sous le trouble qu'il ressentait. Aussi Néfertiti termina-t-elle la phrase à sa place.

— Tu dois épouser ta sœur.

Louxor
1909

Howard Carter était de retour dans l'univers qu'il aimait plus que tout au monde. Un peu plus vieux, certes, et avec quelques tailles de moins à sa ceinture, mais il était bel et bien de retour.

Le soleil se levait. Il laissa son regard se perdre sur un petit groupe d'ouvriers, au loin, comme il l'avait fait tant et tant de fois. Force était d'admettre qu'il creusait sur une zone peu réputée des nécropoles thébaines, où le mieux qu'il pût espérer trouver étaient des tombes de nobles ou de riches commerçants et non de pharaons. Mais, après des années de vagabondage, il s'en contentait amplement.

Qu'il était bon d'avoir du travail! Carter alluma une cigarette et ordonna à ses hommes de commencer à creuser. Lord Carnarvon venait de le rejoindre, élégamment vêtu en costume et canotier.

Leur relation serait tout à fait différente de celle que Carter avait pu entretenir avec Lord Amherst ou Theodore Davis. Le bon vieux temps où il pouvait creuser obstinément où bon lui semblait était révolu. Carter n'était plus un membre de la famille: il était désormais un employé.

Mais la chose lui importait peu. Il avait des plans en tête, des tas d'idées pour donner plus de professionnalisme et de responsabilité à la façon sauvage dont Carnarvon menait ses fouilles. Les financeurs étaient une denrée rare. Avec l'expertise de Carter et l'argent de Carnarvon, il existait une chance de pouvoir faire une découverte importante.

Un jour alors, si tout se passait bien, ils pourraient se rendre dans la Vallée des Rois et entreprendre de véritables fouilles, pour trouver un vrai trésor.

Amarna
1330 av. J.-C.

Aucune cérémonie publique et aucun discours des grands prêtres n'étaient venus marquer le moment de leur union par les liens du mariage.

Ankhesenpaaton avait simplement déménagé ses effets personnels dans le palais de Toutankhaton, là où leur père avait trouvé le repos éternel.

Trois ans s'étaient déjà écoulés depuis. S'ils dormaient chacun dans leur chambre, ils étaient aussi devenus de plus en plus proches. Maintenant que Néfertiti venait de rejoindre sa dernière demeure, Toutankhaton était officiellement pharaon.

Ankhesenpaaton arrangeait sa chemise de nuit blanche et vaporeuse, se préparant à partager son lit avec son frère pour la première fois. Il n'était pas encore adolescent, à l'inverse de sa sœur et épouse, mais le jeune monarque développait néanmoins quelques signes physiques de virilité, ce qui n'échappa pas à la jeune fille.

C'était le moment d'engendrer un héritier. Ou du moins, étant donné leur jeune âge, de commencer à s'y entraîner.

Toutankhaton dénoua sa barbe postiche de pharaon, lourde et encombrante. Néfertiti les avait tous deux instruits, séparément, et le jeune pharaon pensait avoir bien compris comment tout cela fonctionnait. Mais, à l'inverse du scribe royal Ay, qui semblait s'y rendre chaque après-midi après déjeuner, il n'avait jamais visité de harem. Ce qui allait suivre se révélerait donc maladroit et presque contre nature pour lui.

Ankhesenpaaton lui tourna le dos en faisant discrètement glisser sa robe de ses épaules. Toutankhaton regarda le vêtement tomber de ses hanches étroites pour atterrir silencieusement au sol. Elle couvrit sa poitrine naissante d'un bras en se retournant pour se faufiler entre les draps, et vint glisser son corps nu dans ce lit douillet. Il sentit le parfum des huiles dont elle enduisait son corps et ses cheveux.

— Maintenant, à toi, pharaon.

Une tension se fit sentir dans le ventre de Toutankhaton. Il n'aimait pas l'idée de devoir enlever ses vêtements là, à présent, avec Ankhe dans la pièce. Pourtant, son désir devenait ostentatoire, à mesure que le renflement de son pagne étirait l'étoffe de plus en plus loin.

— T'étais-tu déjà autant régalée qu'aujourd'hui ? demanda-t-il un peu au hasard.

Il faisait allusion au tourbillon des festivités qui avaient accompagné les funérailles de Néfertiti. Tous les prêtres d'Aton l'avaient célébrée. Ay aussi était là, et Toutankhaton avait remarqué que le grand vizir et scribe royal buvait plus que de raison, tout en chuchotant dans l'oreille des généraux du pharaon.

— Je ne crois pas avoir jamais vu autant de nourriture de toute ma vie, acquiesça Ankhesenpaaton.

— J'aurais aimé que mère soit là.

— Désormais, tu peux prétendre au trône. Personne ne peut te le refuser.

— Oui, murmura Toutankhaton, ressentant pour la première fois le poids écrasant de sa charge.

Ce sentiment l'oppressa comme s'il avait un bloc de calcaire sur la poitrine.

— Nous sommes seuls, Toutankhaton, chuchota-t-elle, prenant conscience d'un autre type de fardeau. Rien que nous deux, dans ce monde difficile et compliqué. Pas de parents pour nous guider. Pas de frères et sœurs. Rien que nous deux.

— Dit comme ça, c'est effrayant.

— C'est vrai. Promettons-nous de toujours veiller l'un sur l'autre, et de nous protéger mutuellement de tous ceux qui nous voudraient du mal.

— Je le promets, Ankhe. Je ne laisserai personne te faire de mal.

— Je le promets aussi.

La chambre devint alors lourde de silence. Au loin, on entendait encore les festivités animer les rues. L'air chaud du désert entrait par la fenêtre ouverte, et Toutankhaton sentit la subtile, familière et merveilleuse odeur musquée du Nil lui caresser les narines.

Ankhesenpaaton respira profondément et repoussa les draps, sans craindre le regard de son mari sur son corps. Depuis tant d'années passées ensemble, Toutankhaton n'avait jamais vu sa demi-sœur nue. Il était maintenant ébahi par la beauté qu'elle lui révélait.

— Enlève ton pagne, lui dit-elle.

Le pharaon fit ce qu'elle lui demandait. Lui aussi était beau.

Amarna
1326 av. J.-C.

Les nuits de passion n'étaient plus désormais qu'un souvenir doux-amer pour Ankhesenamon[1]. Mais, ce jour-là, la jeune reine se montra à la fois plus ardente et plus farouche que jamais.

— J'ai du retard, murmura-t-elle en se retournant dans le lit, posant son menton sur la poitrine de Toutankhamon[2].

Ses seins pressés contre le flanc de son mari, elle fit descendre sa main entre ses jambes.

— Combien de fois ai-je déjà entendu ça? répliqua-t-il, tentant d'adopter une attitude digne d'un pharaon sans se laisser complètement attendrir par les charmes de sa douce.

— Toutankhamon, chuchota-t-elle en lui grimpant dessus. J'ai trois mois de retard. Nous allons avoir un bébé. J'en suis certaine. Alors faisons la fête ce soir, j'en ai envie.

Il leva son regard vers elle. Le poids du corps d'Ankhesenamon reposait sur les mains du pharaon, bloquées sur ses seins. Cette posture permettait à la reine

1. Nouveau nom d'Ankhesenpaaton après le rétablissement du culte d'Amon. *(N.d.T.)*

2. Nouveau nom de Toutankhaton après le rétablissement du culte d'Amon. *(N.d.T.)*

de se pencher en avant et d'amorcer un lent mouvement chaloupé, tout en la laissant libre de lui caresser le visage de ses mains.

— Réfléchissons à un nom, souffla-t-elle en fermant les yeux pour mieux sentir le plaisir parcourir son corps.

— Néfertiti.

— Et si c'est un garçon ?

— Néfertiti ! dit-il en riant.

— Que penses-tu de Thoutmosis ? Ou d'Aménophis ? Ce sont des noms royaux.

Les noms semblèrent soudain ne plus préoccuper Ankhesenamon, qui se mit à gémir. Elle se montrait habituellement assez discrète au lit. Mais, ce matin-là, elle était sûre que sa jouissance était en train de réveiller toute la ville de Thèbes. La sensation durait encore et encore, tandis qu'une vague de plaisir submergeait son corps autrefois si sec, aussi sûrement que le Nil courait au milieu des sables du désert.

Elle regarda Toutankhamon dans les yeux, se délecta en voyant ses épaules se tendre au moment où le plaisir déformait son doux et beau visage. À son tour, il laissa échapper un cri, peu digne d'un pharaon.

— Nous allons avoir un bébé, répétait Ankhesenamon.

Amarna
1326 av. J.-C.

Cinq mois s'étaient écoulés.

Installée sur une chaise d'accouchement royale, Ankhesenamon contracta ses muscles abdominaux et poussa une dernière fois. Du moins l'espérait-elle. Toutankhamon était à ses côtés et lui tenait la main. Le bébé, une fille, finit enfin par passer de son entrejambe aux mains du médecin royal.

Il était mort-né.

La pauvre enfant était très visiblement malformée : l'une de ses épaules était plus haute que l'autre, sa colonne vertébrale était tordue.

— Que l'on fasse venir le magicien royal, déclara le docteur avec emphase en s'adressant à une courtisane qui se tenait derrière Ankhesenamon.

Le magicien royal serait chargé de guérir la maladie qui avait provoqué cette fausse couche en faisant brûler au sol des charbons ardents entre les jambes de la reine tandis qu'elle se maintiendrait sur la chaise d'accouchement, permettant ainsi à la fumée d'entrer en elle et de nettoyer la matrice de toutes ses impuretés.

— Est-ce un garçon ou une fille ? demanda-t-elle d'une toute petite voix.

Elle avait très envie de pleurer, mais retenait ses larmes. Elle s'était toujours montrée forte.

— Je ne pense pas que cela ait d'importance, ma reine, lui répondit le médecin.

— Garçon ou fille? aboya soudain Toutankhamon, d'une voix qui montrait qu'il ne tolérait pas ce type d'insolence.

Le médecin se raidit, se rappelant son rang.

— Une fille, majesté.

Ankhesenamon tendit les bras. Le cordon ombilical reliant la mère à sa fille n'avait pas encore été coupé. La reine prit son enfant mort contre son sein et partit dans de longs sanglots.

Elle passa un doigt sur la tête du bébé, effleura le bout de son nez et caressa le doux duvet noir de ses cheveux. Elle embrassa les deux petits yeux clos.

Elle savait que très vite, trop vite, l'embaumeur royal allait momifier ce corps minuscule, puis le placer dans le tombeau royal en attendant le décès de ses parents.

— On fera connaissance dans l'autre monde, murmura-t-elle si bas que personne d'autre ne l'entendit. Je t'aime, ma Néfertiti chérie.

Désert d'Égypte
1324 av. J.-C.

L'heure était venue, et il se sentait prêt – prêt à mourir, peut-être ? Toutankhamon était seul dans sa tente, l'estomac noué. L'adrénaline battait dans son sang tandis qu'il serrait puis desserrait les poings en sautillant sur place. Il allait avoir dix-huit ans, et allait mener sa première guerre.

Il entendait, dehors, le bruit métallique des épées et le hennissement des chevaux pendant que sa grande armée se rassemblait au matin de cette bataille. *Son* armée. L'armée de l'Égypte.

Il murmura une prière à l'attention d'Amon, enfila son armure de cuir, glissa une épée dans le fourreau noué à sa taille, et sortit dans la vive lumière du désert rejoindre ses hommes.

Bon nombre de soldats étaient suivis de leurs épouses ; mais Toutankhamon, lui, avait voyagé sans la reine. La perte de leur enfant avait changé beaucoup de choses entre eux. En dépit d'une nouvelle grossesse, rien n'était plus vraiment pareil. Elle était devenue plus maussade, plus « adulte ».

À la différence de son père, qui restait chez lui, entouré des siens, à longueur de journée, Toutankhamon avait décidé de voyager. Il chassait le daim avec Ay, bien qu'il ne lui accordât toujours pas sa confiance. Et il avait succombé aux discours du général Horemheb, particulièrement au sujet de la guerre. Toutankhamon était persuadé que, pour être un homme accompli, il fallait livrer bataille. Il se devait donc d'être ici, avec son armée.

Aujourd'hui, il avait l'occasion de se battre pour la première fois. Il allait perdre cette virginité. Et peut-être la vie.

La grande armée égyptienne était basée aux abords de la cité cananéenne de Meggido, une forteresse érigée en plein désert, entourée de hautes murailles de terre et de calcaire. Il était possible que les Cananéens refusent de sortir pour se battre et préfèrent subir le siège des Égyptiens plutôt que de se faire égorger devant femmes et enfants.

Toutankhamon priait pour que ce ne fût pas le cas. Sa nouvelle épée rutilante pesait lourdement contre sa hanche tandis qu'il flattait la croupe des chevaux de son char. Il crevait littéralement d'envie de goûter au combat. Comme tous les soldats à travers l'histoire, il avait fait vœu de force et de courage, mais il craignait d'être pris par l'envie de déguerpir.

— Vous avez un vrai talent d'artiste, pharaon. Vos représentations des dieux sont si puissantes que je me sens obligé de m'incliner rien qu'en les regardant, déclara Horemheb, qui s'était arrêté près de son roi.

Ce compliment perfide sur la passion de Toutankhamon pour l'art n'était qu'un sous-entendu peu subtil pour lui rappeler que le jeune homme était aussi peureux que son défunt père.

— Insinuez-vous que j'aurais mieux fait de rester à Thèbes, général?

Il n'avait jamais peur de poser des questions très directes, même à des hommes beaucoup plus âgés que lui.

Le pharaon essuya la sueur de son front. Son regard se porta sur ses hommes, se regroupant en longues colonnes ordonnées d'infanterie, d'archers et de conducteurs de char. On avait rarement vu tel arsenal déployé : des arcs puissants, des masses, des haches finement aiguisées, des javelots et des poignards scintillaient sous le soleil.

La vue de tant de pouvoir à sa disposition excita Toutankhamon comme il n'aurait jamais pu l'imaginer. Non, pour ça, il n'était pas le fils de son père. Il était un guerrier !

Désert d'Égypte
1324 av. J.-C.

— Je vous adressais un compliment, pharaon, se justifia le fourbe Horemheb.

— Alors disons que je l'accepte. Dites-moi, général, quelle est notre stratégie, aujourd'hui?

Le torse imposant et puissant du militaire était hâlé par le soleil. Il plissa les yeux en étudiant les fortifications de Meggido dans le lointain.

— Puis-je dire les choses franchement, sire?

— Bien entendu. Vous me connaissez suffisamment, maintenant. J'ai besoin de connaître la vérité. En toutes circonstances. Alors, exprimez-vous.

— J'ai déjà eu l'occasion de conquérir cette ville de malheur. Ce n'est qu'un nid de putains et de voleurs qui ne comprennent rien d'autre qu'une domination brutale. S'ils viennent à se battre, nous lancerons d'abord nos flèches, et nous enverrons ensuite les chars pour disperser leurs troupes. Après quoi, nos soldats les attaqueront et les massacreront comme de vulgaires porcelets qu'ils sont. Leur sang abreuvera le sable du désert, en jaillissant de leurs corps comme l'eau d'une cataracte en furie.

Horemheb souriait d'un air vicieux. Plutôt que de faire profil bas, il continuait de provoquer Toutankhamon, guettant le moindre signe d'émotivité de sa part.

— Quand ce moment sera venu, général, j'éventrerai moi-même un de ces Cananéens. J'utiliserai ses tripes pour graisser les essieux de mon char.

— Comme il se doit, approuva Horemheb.

Le pharaon regarda de nouveau Meggido et se tourna vers le militaire.

— Et s'ils ne sortent pas? Que faisons-nous?

— Alors, nous les assiégerons. Nous empoisonnerons leurs puits et nous les affamerons. Cela pourra durer des mois, mais nous prendrons la ville, je vous le garantis. On n'a pas vraiment vécu tant qu'on ne s'est pas offert une cité comme celle-là. Les femmes ne peuvent se refuser à vous. Et les hommes savent vous fournir les plus jeunes et les plus belles. Bien sûr, vous aurez votre part.

Horemheb marqua une pause pour mieux ponctuer son récit.

— Enfin, si c'est une femme adulte que vous désirez... Elles peuvent être très turbulentes, vous savez. Surtout quand elles refusent de se soumettre à l'envahisseur.

Toutankhamon résista à l'envie de sortir son épée et de trancher l'un des bras d'Horemheb, juste pour lui rappeler les règles de leur relation. Le général n'aurait rien pour sa défense.

— Ma femme me suffit amplement. Prenez ma part de garces turbulentes.

Horemheb discerna soudain dans le lointain quelque chose qui avait échappé au pharaon.

— Qu'y a-t-il, général?

— M'autorisez-vous à donner l'ordre du rassemblement?

— Mais que se passe-t-il? Que voyez-vous donc? Dites-moi.

Horemheb pointa un doigt noueux.

— Les portes de la ville, regardez. Elles s'ouvrent! Les Cananéens sortent pour se battre.

Désert d'Égypte
1324 av. J.-C.

— Attendez ! hurla Horemheb.

Sa voix puissante et grave fendit l'air du désert avec une force rageuse. Les troupes égyptiennes stoppèrent alors, comme un seul homme. Toutankhamon s'arrêta également, et regarda, médusé, la scène qui se déroulait sous ses yeux.

À un peu plus d'un kilomètre de distance, l'armée cananéenne se déversait des murs de la cité. Leur infanterie formait un front de trois colonnes, comptant quelque cinq mille hommes. Les archers, stratégiques, étaient regroupés sur les côtés, prêts à tirer au moindre mouvement de l'armée égyptienne, sans craindre d'éventuels dommages dans leur propre camp.

Tout à l'avant, dans une sorte de reflet d'Horemheb, de Toutankhamon et des commandants égyptiens, les chars cananéens avançaient droit sur eux. Sur chaque char, un conducteur et un archer avaient la possibilité d'envoyer des flèches tout en se lançant dans la bataille.

Les Cananéens arrivaient si vite qu'on eût dit qu'ils comptaient bien prendre le dessus dès les premiers instants.

Ils avaient l'air plus grands et plus forts que les Égyptiens, avec leurs larges épaules et leurs torses sombres et velus.

À sa grande honte, Toutankhamon fut pris d'une soudaine envie de vomir. Sa gorge se serra instantanément sous la peur. Il observa les ennemis. Leur marche ne faiblissait pas, leur pas ne ralentissait pas. Ils se trouvaient désormais à quelques centaines de mètres, et n'en avaient l'air que plus nombreux et plus effrayants.

Leurs chevaux, par contre… Le pharaon se rendit clairement compte qu'ils étaient mal entraînés, et qu'ils se démenaient pour faire demi-tour devant l'imminence du combat.

Même les animaux ont le bon sens de craindre une bataille, songea-t-il. De toute évidence, ces chevaux n'étaient pas ceux de guerriers victorieux, mais des bêtes qui connaissaient déjà le repli et la fuite.

Cette pensée le galvanisa, malgré le chaos qui s'intensifiait dans son ventre. Il se pencha brusquement pour vomir dans la caisse de son char, essuya les reliefs de son petit déjeuner au coin de sa bouche et se redressa immédiatement, afin que ses hommes ne remarquent pas ce moment de faiblesse.

Mais il n'avait pu échapper au regard d'Horemheb.

— Cela m'est arrivé de nombreuses fois à moi aussi, pharaon, dit-il d'un ton ironique.

Non, ce n'était toujours pas le moment de couper un bras à Horemheb. Plus tard, peut-être. Quand la victoire serait assurée.

— Cela ne se reproduira pas, cria Toutankhamon d'une voix dure comme l'acier.

Ce fut avec le ricanement d'Horemheb dans les oreilles qu'il prit enfin le commandement du champ de bataille. Il ôta l'arc de ses épaules. Tout en cerisier et en cuir, avec ses ornements d'ivoire scintillant sous le soleil, l'objet semblait trop beau pour avoir sa place ici, même lorsque la première flèche à pointe de cuivre brilla d'une intention mortelle.

— Lancez l'ordre de bataille! commanda-t-il à son général.

Horemheb dévisagea le pharaon sans rien dire. Il n'avait pas l'habitude qu'on lui donne des directives, surtout pas un gamin de cet âge.

— À vos ordres, mon roi, finit-il pourtant par répondre.

Il se retourna alors et fit face aux troupes d'Égypte.

— Tous en ordre de bataille!

Les colonnes égyptiennes se formèrent en longues et étroites bandes de vingt hommes, épaules contre épaules, faisant front devant les hommes de Canaan. Les conducteurs de char les plus aguerris restèrent en retrait, tandis que les archers venaient se poster sur les flancs de gauche et de droite.

Horemheb, et l'armée tout entière, n'attendaient plus que la prochaine instruction de Toutankhamon.

Ses longues heures d'études comprenaient des cours de tactique et de stratégie guerrière. La stratégie conventionnelle prétendait que dans un vaste champ de bataille, ouvert comme celui-ci, l'avantage allait à la défense. Il était donc préférable d'attendre que les Cananéens bougent les premiers.

Mais Toutankhamon savait que ce n'était pas toujours le cas. Et, l'adrénaline le submergeant et lui ôtant toute peur, son instinct lui dictait que c'était aux Égyptiens de lancer l'attaque.

— Je veux qu'ils n'aient aucune chance de revenir entre les murs de cette cité, déclara-t-il solennellement.

— Comme je vous l'ai déjà dit, nous allons les laisser venir, insista le général.

Toutankhamon passa la langue sur ses lèvres. Tenant fermement les rênes de son char, il en descendit et se retourna pour faire face à ses troupes.

Les corps des hommes luisaient de sueur, ils avaient l'air fatigués par leurs deux semaines de marche depuis Thèbes, mais cela ne remettait aucunement leur professionnalisme en question. Tous étaient des guerriers fiables, assoiffés de combat et des récompenses de la victoire. Ils s'étaient entraînés assidûment pour goûter la satisfaction primaire de se battre d'homme à homme contre un ennemi juré de l'Égypte. Ensuite viendrait la joie du pillage.

Le cœur de Toutankhamon battait la chamade. Jamais il ne s'était senti si fier d'être égyptien. Ses troupes le fixaient, n'attendant plus que le signal du combat.

— Général Horemheb, ordonnez aux archers d'ouvrir le feu.

Désert d'Égypte
1324 av. J.-C.

Horemheb était saisi de la même fièvre. Lorsque ses mots résonnèrent dans le désert, ils vibrèrent d'une passion semblable à celle de Toutankhamon.

— Archers, en joue!

Les Cananéens virent alors les Égyptiens sortir les flèches de leurs carquois et bander leurs arcs. Le son d'une corne retentit, leur intimant l'ordre de commencer la bataille, et ils se ruèrent en direction de leurs ennemis, les défiant de maintenir leurs lignes.

Simultanément, les archers cananéens armèrent aussi leurs arcs.

À son tour, Toutankhamon saisit une flèche dans son carquois, s'apprêtant à décocher le premier tir de guerre. Elle fendit le ciel en un arc parfait, le matériau composite lui conférant puissance et précision. Ce n'est qu'alors qu'il lança à ses hommes le mot tant attendu :

— Feu!

Sa voix n'était encore que celle d'un jeune homme à l'orée de sa virilité, mais elle était dénuée de peur et possédait des accents de rage qui soulevèrent d'un coup les lignes égyptiennes.

Les archers firent partir une volée de flèches qui obscurcit le ciel avant de s'abattre sur l'infanterie et les chars cananéens. Des centaines d'hommes tombèrent, se tordant sous la douleur et hurlant aux cieux.

Désemparé, Toutankhamon constata que son infanterie refusait d'attaquer et campait sur ses lignes. Horemheb vint l'éclairer :

— Ils vous attendent, pharaon.

Le monarque se figea. Depuis combien de temps apprenait-il à conduire un char? Six ans, peut-être sept... Il pensait être capable de se débrouiller aussi bien que n'importe qui, mais le doute l'envahissait soudain.

— Mère, soyez avec moi, murmura-t-il pour lui-même.

Le jeune pharaon remonta alors dans son char.

— Donnez le signal, général.

Horemheb fit un signe en direction du héraut. Le son puissant de la corne de guerre retentit immédiatement.

Pendant ce temps, les Cananéens poursuivaient leur avancée effrénée, hurlant et agitant leurs épées avec l'espoir de terroriser les Égyptiens, et en particulier leur jeune pharaon.

Toutankhamon rejeta son arc sur son dos et retira sa royale épée de son fourreau. Le moment était venu de la baptiser du sang de l'ennemi. Il fit claquer les rênes sur les flancs de son attelage et galopa droit sur lui.

D'un seul bloc, l'armée égyptienne lui emboîta le pas dans une clameur sauvage. Plus haut, une nouvelle volée de flèches traversait le ciel avant de pleuvoir sur les lignes de bataille cananéennes.

Horemheb et tous les autres conducteurs des chars égyptiens galopaient dans le sillage de leur pharaon. Quelques secondes plus tard, ils piétinaient les corps des premiers guerriers du camp adverse.

On entendait partout des cris de peur et de douleur, et Toutankhamon percevait le souffle d'air des armes qui cherchaient à l'atteindre.

Tenant les rênes d'une main, il fit virevolter son épée… et fut soudain sidéré de voir sa lame trancher le cou d'un homme. Il venait de tuer quelqu'un. Pour la première fois.

Les Cananéens se repliaient maintenant vers les murs de la cité, abandonnant derrière eux boucliers ou épées dans leur course pour sauver leur peau. Mais les immenses portes en bois de la ville étaient closes.

Les femmes de Canaan avaient préféré sacrifier leurs maris, et même leurs fils, plutôt que se soumettre aux Égyptiens. Il n'en fallait pas plus aux hommes de Toutankhamon pour achever le massacre. Les corps des Cananéens jonchèrent bientôt le sol du désert, la plupart d'entre eux si mutilés que leur propre mère ne les aurait pas reconnus. De nombreuses dépouilles gisaient dans des positions impossibles. Certains semblaient avoir trouvé la mort un bras ou une jambe en l'air, et leur corps s'être figé de la sorte.

Toutankhamon connaissait enfin le goût de la bataille. Il était du même coup devenu un homme. Et un roi.

Thèbes
1912

L'ouvrage compilant toutes les découvertes de Carter, qu'elles soient grandes ou petites, se nommait *Five Years' Explorations at Thebes, a Record of Work Done 1907-1911*[1]. Même sans concession au sein de la vallée, le partenariat entre Carter et Carnarvon avait porté ses fruits.

Le premier avait affiné ses techniques de fouille, apportant davantage de précision et de professionnalisme à sa tâche. Il introduisit la photographie dans l'égyptologie comme un nouveau moyen de documenter les découvertes, tout en faisant soigneusement ses propres dessins. Dotés d'équipes pouvant aller jusqu'à deux cent soixante-quinze ouvriers, les deux hommes mirent au jour des tombeaux de nobles et autres fonctionnaires de haut rang.

Mais, en dépit du succès de *Five Years' Explorations*, et même si les découvertes du tandem Carter-Carnarvon épataient la galerie à Londres ou au Caire, l'Américain Theodore Davis continuait de leur faire de l'ombre. Et cela irritait Howard Carter au plus haut point.

1. Cinq ans d'explorations à Thèbes, notes sur les travaux menés entre 1907 et 1911. (*N.d.T.*)

On disait maintenant partout que Davis n'avait pas seulement trouvé une nouvelle tombe dans la vallée, mais que c'était la dernière.

Theodore Davis croyait avoir mis le grappin sur l'impénétrable Toutankhamon.

Thèbes
1912

Tout commença lorsque Davis et Edward Ayrton découvrirent une entrée cachée, murée de briques de terre et estampillée de l'image d'un chacal gardant neuf prisonniers. Le sceau du garde de la nécropole signifiait qu'une momie se trouvait à l'intérieur.

Un autre symbole y était associé : celui de Toutankhamon.

Ils avaient immédiatement fait tomber cette porte, ôtant les briques de leurs propres mains, avant de pénétrer dans un étroit hall d'entrée. Un couloir en pente menait à la première chambre funéraire. Le sol y était recouvert de pierres. Une pièce de bois décorée à la feuille d'or portait l'image de la reine Tiyi, mère supposée de l'hérétique roi Akhenaton.

Ces quatre jours avaient été incroyables. Le 3 janvier, les ouvriers de Davis exhumaient un monceau de débris anciens. Ils y trouvèrent huit grandes jarres marquées du nom de Toutankhamon. Il s'avéra qu'elles étaient remplies de produits destinés à l'embaumement et des reliefs d'un festin d'autrefois, ainsi que de colliers faits de fleurs et de baies.

Il semblait clair que cette fête avait eu lieu après la mort de Toutankhamon. Les fleurs étaient d'une variété qui fleurissait entre mars et avril, ce qui fournissait un indice supplémentaire quant au moment du décès de ce mystérieux pharaon.

Et puis…

Au bout d'un couloir se trouvait la salle principale. Elle avait été très endommagée par l'eau, mais le nom de Toutankhamon était écrit sur tous ses murs. Et un cercueil gisait au sol.

Il avait dû reposer jadis sur une plateforme de bois, mais le temps avait fait son œuvre de destruction et le cercueil avait basculé sur le côté. Son couvercle s'était alors soulevé. Quand Davis se pencha dessus, il ne se sentit plus de joie : le visage d'une momie le contemplait en retour.

Les bandelettes étaient partiellement décollées. Il put ainsi distinguer des cheveux, des dents, et un morceau d'un nez. Davis tira sur un cheveu et testa la résistance d'une dent, essayant d'évaluer l'état de la momie. Comme il le craignait, tout lui resta entre les mains.

Pendant un instant, la consternation l'envahit. Un instant seulement. Sans attendre l'aide d'Ayrton, il prit la momie dans ses bras et la sortit au grand jour, comme s'il s'était agi d'un petit enfant.

Arrivé dehors, il demeura là, ébloui par le soleil, pendant que des touristes médusés le regardaient sans trop y croire. Un médecin que Davis connaissait passait justement à ce moment-là. Il l'interpella et lui demanda de procéder à une inspection de sa découverte. Il s'agissait d'une femme.

Davis en tira sa propre conclusion : selon toute évidence, il avait entre ses bras les traces de la reine Tiyi. Il était désormais convaincu que cette tombe était celle de Toutankhamon. Tout ce qu'il avait à faire, c'était creuser plus profondément, et il finirait bien par trouver la dépouille du pharaon lui-même.

Campé au beau milieu de la Vallée des Rois, berçant une femme vieille de trois mille trois cents ans, Theodore

Davis, rouge de fierté, se sentait triomphant et se félicitait vivement de sa réussite et de sa perspicacité.

Mais il se trompait sur toute la ligne.

Louxor
1912

Carter et Carnarvon ne furent pas les seuls égyptologues à publier un recueil sur leurs travaux cette année-là.

Carter tournait les pages de l'ouvrage de Theodore Davis, *The Tombs of Harmhabi and Touatankhamanou*, et se sentait plus convaincu que jamais que l'insaisissable tombeau de Toutankhamon se situait encore là, quelque part dans la vallée.

Il se disait « presque sûr qu'il existait des zones, recouvertes par les déblais des fouilles précédentes, qui n'avaient pas été correctement examinées ». Impatient du jour où Davis abandonnerait sa concession, et où il pourrait revenir dans la vallée avec Carnarvon, Carter ajouta : « J'affirme que nous avions de réels espoirs de trouver un roi en particulier, et que ce roi était Tout Ankh Amon. »

Il alluma une cigarette et relut la description de la tombe dans laquelle Davis prétendait avoir trouvé Toutankhamon. Il en était certain, les objets d'albâtre et plaqués d'or présents dans le tombeau n'étaient pas d'une qualité assez élevée pour la chambre funéraire d'un pharaon. Et Davis était un imbécile s'il ne s'en rendait pas compte lui-même.

Il était plus vraisemblable que ces objets aient été placés là des années plus tard, à l'occasion de la réouverture de la tombe. En se fiant aux connexions croissantes entre Amarna et la chambre mortuaire, il semblait plausible que la reine Tiyi ait été déplacée d'Amarna à la Vallée des Rois quelque temps après sa mort.

Non, Toutankhamon n'avait pas encore été exhumé. Mais bien d'autres découvertes dans cette vallée – les jarres de produits d'embaumement, la coupe de faïence, les restes d'un repas identifié comme celui de ses funérailles, son symbole scellé sur les accès à ce tombeau – prouvaient qu'il avait bel et bien existé.

« Pour justifier notre conviction, il faut se tourner vers les pages publiées par M. Davis au sujet de ses découvertes, écrivit Carter. Davis déclara avoir trouvé le site funéraire de Tout Ankh Amon. Mais cette théorie ne tenait pas la route. Nous avions donc trois pièces à conviction : la coupe de faïence sous le rocher, la feuille d'or du petit puits de la tombe, et cette importante cache de matériel funéraire. Qui semblait incontestablement relier Tout Ankh Amon à cette portion de la vallée. »

Tout ce qu'il fallait à Carter, c'était l'occasion de le repérer. « Toutes ces preuves nous ont intimement convaincus que le tombeau de Tout Ankh Amon n'avait pas encore été découvert, et qu'il devait se situer non loin du centre de la vallée. »

Mais pour cela, il faudrait d'abord attendre que Davis abandonne sa concession. Ce que fit l'Américain deux ans plus tard.

Vallée des Rois
8 février 1915

Lord Carnarvon s'empara de la concession de Theodore Davis sans l'ombre d'une hésitation. C'est ainsi qu'après sept ans d'attente, Carter était de retour dans la vallée. Le 8 février 1915, il se mit à passer la zone au crible, ne lâchant pas son vieil espoir de découvrir un tombeau vierge.

Lorsque Davis s'était détourné de sa concession, affirmant que la vallée était « épuisée », peu de membres de la communauté des égyptologues auraient soutenu le contraire. « Nous gardions néanmoins en mémoire le souvenir de Belzoni, qui, un siècle auparavant, avait fait la même déclaration en refusant de se remettre en question. Nous avions certes procédé à des fouilles minutieuses du site, mais demeurions convaincus que certains périmètres, recouverts par les extractions des travaux précédents, n'avaient pas été correctement examinés », écrivit Carter.

Il s'accrochait à l'idée que Davis avait été incroyablement négligent, et que ses conclusions au sujet de l'identité de sa momie ne pouvaient aucunement être vérifiées. « Nous avons vite pris conscience de l'immensité de la tâche qui nous attendait, et que des milliers de tonnes de sable et de terre devraient être déplacés avant qu'on ne trouve quoi que ce soit. Mais il y avait toujours une chance qu'un tombeau vienne finalement nous récompenser, et c'est cette chance-là que nous ne voulions pas laisser tomber. »

Cette journée de 1915 aurait donc dû être un jour heureux pour Carter : il allait entamer une période d'apogée dans sa carrière.

Il y avait juste un problème : le monde était en guerre, et toutes les fouilles furent bientôt interrompues dans la Vallée des Rois. Pis, des ordres arrivèrent de l'armée britannique. Carter était appelé sous les drapeaux.

Comment diable ce monde moderne, vénal et sordide, osait-il s'immiscer dans la grandiose recherche d'un roi antique ?

Désert d'Égypte
1324 av. J.-C.

Un feu de joie illuminait la nuit. Ses flammes crépitantes se reflétaient sur le tissu blafard des tentes de la grande armée d'Égypte. Toutankhamon était assis sur son trône mobile, deux sentinelles en armes à ses côtés. Il était assez près du feu pour en ressentir la chaleur, mais suffisamment éloigné pour échapper au geste imprévisible d'un soldat ivre.

Mais un tel attentat était peu probable ce soir-là. Dopés à l'adrénaline par le massacre de leur ennemi juré, les soldats étaient au-delà de l'euphorie. Le sang maculait encore de nombreux visages, et la crasse du désert cernait leurs yeux rougis.

Toutankhamon avait bu plus de vin qu'il n'était raisonnable, mais il n'en ressentait guère les effets. Attrapant un manteau pour se prémunir du froid de la nuit, il sentit le regard de ses hommes sur lui, plein d'un nouveau respect pour celui qui, aujourd'hui, avait agi en roi.

Des femmes faisaient aussi partie de la ronde autour du feu, certaines très belles. Plusieurs d'entre elles avaient suivi le campement depuis Thèbes pour accompagner les hommes, mais beaucoup avaient été ravies à l'ennemi. C'étaient les plus jolies, celles aux poings liés, qu'on avait délogées de leurs maisons. Leurs visages exprimaient la terreur, la honte, la douleur. Elles avaient déjà vu leurs maris et leurs fils se faire tuer aujourd'hui. Et maintenant, dès que le feu s'éteindrait, elles passeraient d'homme en homme – fatalité contre laquelle beaucoup d'entre elles auraient plutôt choisi la mort. Pour certaines, ce vœu ne tarderait pas à se réaliser.

Toutankhamon perçut soudain un regard fixé sur lui. De l'autre côté du feu se tenait une femme, seule, à la chevelure magnifique. Elle devait avoir son âge, peut-être moins. Des cheveux de geai tombant en cascade dans son dos. Des yeux noirs. Un menton affirmé et des lèvres pleines.

Une étrange sensation étreignit brusquement son ventre, sensation qu'il mit d'abord sur le compte de l'alcool. Il comprit rapidement que c'étaient ses nerfs qui parlaient et exprimaient ce même sentiment d'insécurité qui avait failli le paralyser avant la bataille. Il tenta de s'en débarrasser en détournant son regard de cette fille superbe qui avait l'audace de le regarder fixement, et se força à penser à Ankhesenamon, qui attendait leur deuxième enfant. Sa reine, son amante, son amie depuis l'enfance.

Mais il ne put s'empêcher de contempler de nouveau la prisonnière. De profil, rejetant ses cheveux bouclés en arrière, elle lui apparut encore plus désirable. Quitte à se soumettre à un Égyptien, la belle semblait préférer que ce fût avec un pharaon.

Elle se leva, révélant à la lumière des flammes une silhouette plantureuse et sculpturale, comme il en avait souvent rêvé sans jamais en connaître. Sa jupe s'aventura au-dessus de ses genoux, laissant libre cours à l'imagination de Toutankhamon. Comment aurait-il pu en être autrement? Il était loin de chez lui, et venait de remporter une importante bataille.

Je suis le pharaon, se dit-il. *Qu'importe ce que pensent les autres? Ma femme pourra bien se fâcher. Mon père avait des maîtresses, tout comme son propre père et son grand-père avant lui. Quelle importance que cette créature vienne dans mon lit, qu'elle remplace ma femme pour un soir?*

Il avança jusqu'au bord de son siège, et vit dans les yeux de la jeune fille qu'elle se sentait proche de la victoire. Son regard s'était adouci d'un coup.

Brûlant de désir, il se redressa et la toisa, l'observant avec attention – son visage, ses lèvres, chacune de ses courbes. Puis il se détourna et se dirigea vers sa tente. Seul.

Comme toujours, il restait fidèle à Ankhe.

Thèbes
1324 av. J.-C.

Ankhesenamon entra dans la salle du trône en chancelant, les deux mains posées autour de son ventre proéminent. Elle en était au sixième mois de sa deuxième grossesse.

Chaque matin, elle adressait une prière à Amon pour qu'il accorde cette fois la vie à son bébé. Jusqu'ici, ses prières avaient été exaucées, mais un fait nouveau venait de se produire, qui la terrifiait.

— Toutankhamon, chuchota-t-elle depuis la porte, s'il te plaît.

Les conseillers formaient un demi-cercle devant le trône de Toutankhamon, en pleine discussion matinale au sujet d'une possible invasion de la Nubie. C'était l'été à Thèbes, et les températures étaient déjà étouffantes à ce moment de la journée, aussi le pharaon ne portait-il que le pagne royal et un simple collier. Lorsqu'il avait décidé de refaire de Thèbes la capitale du pays, il n'avait pas anticipé de tels extrêmes dans le climat.

Sa tête se détourna vivement en entendant la voix de la reine. Il traversa aussitôt la pièce carrelée pour venir la rejoindre à la porte, faisant peu de cas de ce que ses conseillers pourraient penser.

— Que se passe-t-il, Ankhe? demanda-t-il.

Depuis son retour de la guerre, le couple était encore plus soudé.

— Toutankhamon, je ne sens plus rien.

Il se retourna vers ses conseillers tandis que ceux-ci feignaient de ne pas écouter.

— Je suis sûr que notre bébé fait juste une bonne sieste, dit-il d'une voix basse.

Ankhesenamon secoua la tête.

— Cela fait toute une journée, maintenant. D'habitude, je le sens tout le temps bouger. Là, dit-elle en prenant la main de Toutankhamon et en la plaçant sur une courbe de son ventre. Tu sens ça ?

Il approuva en hochant la tête.

— C'est son pied, expliqua-t-elle. Normalement, il me donne sans cesse des coups, mais il n'a pas bougé depuis hier.

Elle poussa soudain un cri et s'écroula par terre. Les conseillers accoururent autour du pharaon et de sa reine.

— Gardes ! cria Ay. Faites venir le médecin royal.

Thèbes
1324 av. J.-C.

Le visage d'Ankhesenamon était d'une pâleur mortelle. Une vague de douleur intolérable parcourut son corps, lui arrachant un hurlement.

— Qu'y a-t-il ? interrogea Toutankhamon en lui tenant la main. Dis-moi, que se passe-t-il ?

— Le bébé arrive, Toutankhamon. Maintenant.

À peine avait-elle prononcé ces mots qu'Ankhesenamon se mit à pleurer. Elle savait qu'aucun enfant viable ne pouvait venir au monde à un stade aussi précoce de la grossesse. Il n'avait aucune chance de survie.

Ce fut alors comme si son mari et ses conseillers n'existaient plus. Seule avec son enfant à venir, elle se recroquevilla et sanglota amèrement, le visage contre la douce fraîcheur du sol de pierre.

— J'ai tellement honte, finit-elle par murmurer.

— Ma reine, souffla Toutankhamon.

— Je ne mérite pas d'être ta reine, dit-elle en se redressant pour s'asseoir, regardant son époux droit dans les yeux.

Elle dévisagea ensuite les trois conseillers pour déclarer d'une voix vibrante d'amertume :

— Je ne puis vous donner un héritier. Vous voyez bien que j'en suis incapable.

Les trois hommes ne répondirent rien à cela, mais aucun ne l'aurait contredite. Les espions qu'ils avaient infiltrés dans le foyer royal leur avaient appris qu'elle les appelait « les serpents ». Cette fille était arrogante et irrespectueuse, mais elle était aussi très intelligente.

— Ne dis pas de bêtises, tenta de la réconforter Toutankhamon d'une voix peu convaincante.

Il redoutait ce moment depuis l'instant où Ankhesenamon lui avait annoncé attendre cet enfant.

— Nous mettrons le bébé dans ma chambre funéraire. Elle est pratiquement terminée.

— Tu ne m'as pas écoutée, protesta-t-elle alors qu'une contraction déclenchait une nouvelle vague de douleur dans son corps.

— Elle a raison, intervint Horemheb. Elle voit les choses avec lucidité.

Toutankhamon se releva et vint se poster nez à nez avec le général.

— Oseriez-vous prétendre que le pharaon est dans l'erreur? siffla-t-il.

Horemheb ne recula pas d'un pouce.

— Non, sire. J'approuve simplement les propos de votre reine. Vous avez entendu ses mots. Elle vous demande de prendre une autre femme. Écoutez-la.

Toutankhamon se pencha et prit Ankhesenamon dans ses bras. Il embrassa tendrement ses joues et la souleva pour la porter jusqu'à la chambre royale.

— Je m'occuperai de vous plus tard, déclara-t-il à Horemheb. L'Égypte compte de nombreux généraux, ne l'oubliez pas.

Puis, à l'intention d'Ay:

— Faites venir le docteur à la chambre. Et vite, scribe.

Thèbes
1324 av. J.-C.

Debout devant son lit, Toutankhamon laissa tomber son pagne à terre ; une servante viendrait le prendre le lendemain matin.

Il enleva le maquillage noir qui s'étendait de ses yeux jusqu'aux tempes. Il se rinça la bouche et se mit au lit. L'oreiller était frais au contact de son crâne rasé, et les draps de coton caressaient son torse avec douceur. Comme beaucoup d'Égyptiens, il était très exigeant sur la propreté, et faisait régulièrement disparaître les poils de son corps à l'aide de rasoirs et de pinces.

Il s'allongea et se demanda quelle allait être la suite des événements.

Toute la soirée, le palais avait colporté et commenté sa confrontation avec Ay. Il le sentit à la façon dont le personnel lui avait apporté son dîner, en baissant les yeux plus qu'à l'accoutumée.

— L'Égypte est de nouveau puissante et prospère, avait vociféré le grand vizir, et cela grâce à moi, pharaon, pas à vous. Ni à votre reine. Votre père avait quasiment ruiné le pays ; c'est moi qui l'ai redressé. Et voilà que vous menacez tous ces efforts en étant incapable de produire un héritier !

Le vizir avait continué sur sa lancée.

— Ce que vous appelez l'amour est un plus grand danger pour l'Égypte que les Cananéens, les Nubiens, et tous nos autres voisins réunis. Vous vous obstinez à faire passer vos petits sentiments avant tout, et nous en faites subir les conséquences. Ce peuple, lança-t-il en tendant son bras en direction de la ville, mérite un pharaon qui place la nation avant toute chose.

— Je suis pharaon, et je fais comme bon me semble. Je vous rappelle que vous, vous n'êtes qu'un homme, scribe.

Après avoir rendu visite à Ankhesenamon, Toutankhamon avait regagné seul sa chambre, bien conscient que tous les membres du palais attendaient de voir ce qui allait se produire une fois toutes les lumières éteintes.

Ay tiendrait-il sa promesse de faire venir une domestique dans le lit du pharaon?

Ce fut à minuit, alors que le clair de lune inondait sa chambre par la fenêtre ouverte, que Toutankhamon eut sa réponse. Il entendit deux bruits de pas différents dans le couloir. L'un était lourd et décidé, l'autre léger.

Dans un délicat frou-frou, la personne au pas léger se glissa dans sa chambre sur la pointe des pieds. Toutankhamon percevait son hésitation, voire sa peur, à mesure qu'elle s'approchait du lit royal. Il aurait presque entendu les battements de cœur de la jeune fille.

Allongé dans le noir, ses yeux essayant de percer l'obscurité, il s'interrogea sur ce qu'elle pouvait penser en cet instant. Elle venait coucher avec un homme. Et, bien sûr, elle était vierge, donc effrayée par un acte encore mystérieux pour elle. Mais faire cela avec le dirigeant de toute l'Égypte…

Toutankhamon roula sur le côté pour la regarder. Son indéfectible loyauté envers sa reine faillit le pousser à la renvoyer sur-le-champ, mais il retarda ce moment, sans trop savoir pourquoi.

C'est alors qu'il découvrit le visage de la visiteuse. Elle devait avoir seize ans, peut-être dix-sept. Il se souvint d'avoir déjà admiré ses traits lors d'un dîner officiel, et d'avoir pensé qu'elle devait être la fille d'un dignitaire local. Sa beauté était indiscutable. Avec beaucoup de discrétion, elle vint s'asseoir au bord du lit, un rayon de lune traversant le fin tissu de sa robe. Tout en elle captivait Toutankhamon. Ses courbes, ses longs cheveux noirs, ses yeux sombres encore maquillés, son parfum, agréable mélange d'agrumes et de fleurs.

— Quel est ton nom? demanda-t-il doucement, surpris par les battements de son propre cœur et par le trouble qu'il ressentait pour elle.

— Tuya, murmura-t-elle.

— Retire ta robe, Tuya. N'aie surtout pas peur. Tu ne crains rien ici.

Elle s'exécuta, faisant glisser le vêtement de ses épaules jusqu'au sol.

— Tourne-toi, s'il te plaît, que je puisse te regarder. Doucement. Tu es très belle. Ne crains rien.

La tête haute, les épaules déliées, elle fit un petit tour sur elle-même avant de faire un pas en direction du pharaon.

— Attends, dit-il, soudain saisi par une image d'Ankhesenamon.

Que faisait sa reine en cet instant? Que dirait-elle si elle le voyait? Quelles conséquences cela aurait-il sur leur amour, sur ce qu'Ay nommait ses « petits sentiments »?

Tuya s'arrêta et couvrit instinctivement ses seins de ses mains. Toutankhamon se leva et marcha alors vers elle. Les yeux de la jeune fille s'écarquillèrent à son approche, augmentant son désir. L'instant d'après, il embrassa ses lèvres et les trouva douces, plus encore que celles d'Ankhe. Son haleine était fraîche et sucrée, et elle lui offrit une langue avide.

Le jeune pharaon ne pensa plus à sa reine pendant le reste de cette longue nuit sans sommeil.

Thèbes
1324 av. J.-C.

Ankhesenamon ne pouvait pas dormir. La simple pensée de ce qui devait se dérouler dans la chambre de Toutankhamon l'emplissait de jalousie et de bien plus qu'une simple tristesse. Depuis qu'ils étaient enfants, elle l'aimait profondément. Et les hommes du palais s'étaient toujours mis en travers de leur chemin.

Elle se leva, enfila une robe et marcha doucement vers les jardins. L'air y était frais et la fit un instant frissonner, mais son esprit était bien trop préoccupé pour se soucier du froid. Elle repensa à Toutankhamon et à cette fille, mais bannit rapidement cette image de sa tête pour se préserver.

Il n'y prend pas plaisir, se rassura-t-elle d'abord.

Oh, mais si, au contraire! répliqua sa voix intérieure.

Lors du dîner, ce soir-là, elle avait entendu les domestiques ricaner dans son dos, pleins de mépris pour cette reine incapable de mettre un enfant au monde.

Si, j'en suis capable! avait-elle voulu crier. *J'ai mis au monde deux merveilleux enfants. Les dieux ont choisi de les envoyer dans l'au-delà, mais j'en aurai d'autres.*

Et pourquoi personne ne tient-il Toutankhamon pour responsable?

Pourquoi n'endure-t-il pas les souffrances de l'accouchement d'un enfant mort-né? Pourquoi a-t-il le droit d'avoir une femme dans son lit pour produire une descendance, quand on me laisse seule ici? Et si j'avais envie de prendre un homme dans mon lit, hein? Que dirait-on? Peut-être bien que j'en ai envie, moi aussi, parfois?

Elle faisait les cent pas dans le jardin. Sa démarche était mal assurée, car elle avait les pieds nus et le sol était recouvert de graviers qui s'incrustaient dans sa peau. La douleur d'un caillou plus piquant que les autres la força soudain à s'arrêter. Ce petit désagrément la conforta dans sa délectation morose.

Ce n'est rien par rapport à l'accouchement. Ça, c'était une vraie souffrance!

Une idée folle lui traversa brusquement l'esprit: celle de courir de l'autre côté du palais et de surprendre les deux amants, tout emmêlés l'un dans l'autre et ruisselant de sueur dans son lit.

Tu lui as dit toi-même de le faire, se rappela-t-elle.

Oui, mais je ne le pensais pas vraiment.

Elle irait griffer le visage de cette fille jusqu'à ce que sa beauté disparaisse à tout jamais. Puis elle frapperait Toutankhamon.

Non, je ne peux pas faire ça. Je l'aime trop. Il est mon roi, et celui de toute l'Égypte.

Mais il t'a abandonnée. En ce moment même, il est entre les bras d'une autre femme. Ils se disent des mots intimes, en chuchotant, en riant et en se touchant. C'est une forme de trahison. Pourquoi ne mourrait-il pas?

Il est le pharaon, et les pharaons ont des harems entiers. Il ne s'agit là que d'une seule fille.

Oui, mais nous nous étions promis. Promis d'être fidèles.

Lui me tuerait si je brisais ce serment.

Non, il ne le ferait pas. Peut-être ne te toucherait-il plus jamais. Mais il ne te tuerait pas.

Peu importe, moi, je pourrais le faire. Un simple coup de couteau suffirait.

Fais marcher tes méninges. Respire à fond et réfléchis bien.

Je suis la reine. C'est moi qui suis de pur sang royal. C'est grâce à son mariage avec moi que Toutankhamon a pu accéder au trône.

Je peux faire la même chose avec un autre homme.

Chiche.

Thèbes
1324 av. J.-C.

— C'est *vous*, pharaon.

Ay eut un petit sourire ironique et méprisant comme personne d'autre ne se le permettait au palais.

Ils marchaient côte à côte sur le chemin des écuries royales. L'air embaumait la luzerne et le crottin de cheval. Toutankhamon était déjà en retard pour son tour de char.

Bien que Tuya l'ait tenu éveillé presque toute la nuit, il préférait se revigorer avec une bonne course à travers le désert sur la rive est du Nil que passer sa journée à dormir. En vérité, il se sentait troublé et un peu perdu, aussi bien au sujet de Tuya que d'Ankhesenamon.

— De quoi parlez-vous donc? dit-il. Vous m'embrouillez.

— Tuya est toujours sans enfant. Le problème ne vient pas d'elle, pharaon, ni de votre reine. C'est à cause de vous qu'il n'y a pas d'héritier au trône. C'est *vous*, le problème!

Toutankhamon devint rouge de colère.

— C'est impossible! Ma virilité est incontestable!

Il venait d'atteindre son char et prit les rênes des mains d'un jeune garçon d'écurie. Les chevaux relevèrent la tête de leur botte de luzerne et se mirent à hennir, anticipant les réjouissances à venir.

— Les faits tendent pourtant à prouver qu'il n'y a pas de flèches dans votre carquois, persifla Ay.

C'en était trop.

— Gardes ! commanda Toutankhamon. Emparez-vous de lui.

Un contingent de six gardes royaux s'approcha et encercla le scribe. Mais ils étaient remplis d'appréhension et paraissaient tentés de le regarder, lui plutôt que leur monarque, pour recevoir leurs ordres.

— Exécution ! hurla Toutankhamon dans un déferlement de rage et d'humiliation.

Il était le pharaon. Il pouvait féconder toutes les vierges d'Égypte s'il le voulait. Ce n'était pas sa faute si Tuya avait du mal à tomber enceinte. Peut-être même Ay, dans son plan infernal, l'avait-il choisie en raison de sa stérilité.

Ce dernier n'opposa aucune résistance lorsque les gardes posèrent les mains sur lui. Il se contenta d'afficher son fameux sourire.

— Je suis le pharaon, Ay. Vous devrez vous en souvenir, dorénavant.

Toutankhamon monta dans la caisse de son char.

— Je pars en promenade, dit-il au capitaine des gardes, un Nubien aux imposants biceps. Je veux qu'avant mon retour vous ayez administré cinquante coups de fouet au vizir. Est-ce bien compris?

Le sourire disparut soudain du visage d'Ay, au grand contentement de Toutankhamon.

— Comme vous voudrez, pharaon, se soumit le vizir, l'air accablé. Qu'il en soit ainsi.

Même dix coups de fouet auraient été de trop. Cinquante allaient lui laisser les os du dos à vif, et le marquer de cicatrices infamantes pour le reste de son existence.

L'espace d'un instant, Toutankhamon crut déceler une pointe de sincérité dans la voix d'Ay, et il faillit reconsidérer la punition, bien trop sévère. Mais le défi n'était jamais totalement absent des yeux du vizir, et le roi se dit qu'une leçon d'humilité ne lui ferait pas de mal.

Dans un dernier regard, il fit claquer les rênes sur les flancs de ses gracieuses montures et s'élança à travers le désert.

**Désert d'Égypte
1324 av. J.-C.**

Il n'y avait que la caisse de roseau tressé et les roues en orme du char pour absorber les chocs de la route, mais le terrain était agréable, et, par conséquent, la promenade aussi.

Exception faite d'un homme perché sur un chameau dans le lointain, Toutankhamon avait le désert pour lui seul, comme il l'aimait. En quelques minutes, la sueur ruisselait sur son front et la poussière soulevée par les sabots des chevaux recouvrait son torse. Cette sensation, qu'il adorait habituellement, ne parvint pourtant pas à le détendre.

Toutankhamon avait été tellement choqué de l'insolence d'Ay et de l'affirmation de son incapacité à engendrer une descendance qu'il ne remarqua même pas que le désert était devenu plus rocailleux sur les derniers kilomètres de son parcours.

Il ne vit pas la profonde crevasse qui fendait le sol devant lui, probablement occasionnée par une inondation intempestive. En tout cas, pas à temps pour la contourner.

Sa roue tombant dans l'ornière, Toutankhamon fut éjecté du char. Projeté la tête la première, il atterrit douloureusement sur le sol du désert. La violence du choc lui fit perdre connaissance.

Lorsqu'il rouvrit progressivement les yeux, gémissant, il se trouva nez à nez avec un chameau. Le maître de l'animal était agenouillé près de lui, cherchant des signes de blessures, n'ayant visiblement aucune conscience d'être en présence du pharaon d'Égypte.

Finalement, le voleur – car c'est bien ce qu'il était, comme Toutankhamon le comprit rapidement – lui déroba ses sandales, son luxueux collier pectoral, et se mit à fouiller le corps royal dans l'espoir d'y trouver quelque argent.

Le pharaon voulut lui dire qui il était, mais étrangement, il en fut totalement incapable. Ce n'est que lorsque l'homme fut certain que Toutankhamon n'avait pas un sou sur lui qu'il l'abandonna sur place, après l'avoir dépouillé de tous ses vêtements.

La nuit tombait quand le monarque perdit de nouveau connaissance.

Thèbes
1324 av. J.-C.

— Il faut que nous parlions.

— Je t'écoute.

Le jour n'était pas encore levé, mais tout le palais était en ébullition. Après la plus grande chasse à l'homme que l'Égypte ait jamais connue, le pharaon venait d'être retrouvé dans le désert, à l'ouest de Thèbes, délesté de toutes ses possessions, probablement par un nomade. Il était encore inconscient.

Il souffrait d'une forte fièvre, et son buste était couvert de bleus et de plaies. De chaque côté de son lit, Ay et Horemheb contemplaient maintenant leur souverain, perdu dans son coma. L'immense chambre était encore plongée dans l'obscurité, à l'exception d'un filet de lune filtrant par la fenêtre.

— Nous devrions plutôt parler de cela dans le hall, déclara le vizir.

Horemheb fit la moue. Une longue cicatrice lui traversait le visage, laissée là par une épée hittite. Dans les moments de tension, elle prenait une teinte rougeâtre qui la faisait ressortir sur sa peau pourtant burinée par le soleil.

— Si nous allons ailleurs, on nous observera. Selon toute évidence, le pharaon ne nous entend pas. Restons ici.

Ay n'appréciait guère la contradiction, mais Horemheb avait sûrement raison. De plus, le vizir royal souffrait atrocement, suite aux coups de fouet ordonnés par Toutankhamon. En raison du statut d'Ay, les gardes avaient retenu leur force au cours du châtiment, mais plusieurs coups avaient profondément entaillé sa peau. Son dos n'était plus qu'un chaos meurtri, zébré et suintant de sang.

— Très bien, concéda-t-il.

Il regarda en tous sens pour s'assurer que personne ne pourrait les entendre.

— Je vieillis, tu sais. J'ai servi ma nation depuis l'adolescence, et j'ai appris les mœurs sinueuses qui règnent à la cour royale. Nous avons tous deux assisté à la ruine engendrée par le règne d'Akhenaton, et nous savons que Toutankhamon évolue trop lentement pour réparer ces dégâts.

— Es-tu en train de dire que…

— Absolument, l'interrompit Ay, impassible. Et si tu peux m'aider, je peux t'assurer que tu seras mon successeur. Je ne vivrai pas longtemps, mais en quelques années comme pharaon, je peux rendre toute sa gloire à l'Égypte. Et c'est toi qui finiras la tâche.

La cicatrice d'Horemheb était devenue d'un magenta vibrant.

— Comment ferions-nous cela? Regarde-le, c'est un gamin. Il se remettra de cette chute.

Horemheb soupira. Malgré sa nervosité, il se délectait de l'idée de devenir un jour pharaon.

— Jamais je n'aurais cru que le jour viendrait où je pourrais parler ouvertement de… d'assassiner le pharaon.

Avant qu'Ay n'ait le temps de répondre, un léger bruit de pas se fit entendre sur le sol carrelé. Ils se retournèrent vivement. D'instinct, Horemheb vint se poster devant la porte pour la bloquer.

— Montrez-vous, ordonna Ay. Sortez, maintenant. Qui est là ? Qui?

La dame d'honneur de la reine, une grande jeune fille aux yeux verts nommée Yuyé, sortit doucement de l'ombre. Elle n'avait pas vingt ans et était connue dans tout le palais pour être la confidente d'Ankhesenamon. Si quelqu'un était susceptible de rapporter leur discussion à la reine, c'était bien elle.

La jeune fille était visiblement terrifiée. Elle bredouilla quelques mots.

— Je... je n'ai rien entendu, vizir.

— Oh, que si !

Horemheb fit un pas vers Yuyé, la main levée, prêt à la frapper. Ay l'arrêta.

— Tu vas lui faire une marque, dit-il au général. Et ce n'est pas ce que nous voulons, n'est-ce pas?

Ay se tourna vers Yuyé.

— La question n'est pas de savoir si tu as entendu quelque chose, mais si tu diras quelque chose.

— Je ne dirai rien. Je vous le jure.

Ay l'attrapa par le poignet et la tira à lui. Son visage n'était qu'à quelques centimètres de celui de la dame d'honneur quand il proféra froidement sa menace.

— J'en suis certain.

Il s'adressa alors à Horemheb.

— Réfléchis à un plan pour lui, dit-il avec un signe de tête en direction du corps endormi de Toutankhamon. Moi, je m'occupe de la fille.

Palais de Toutankhamon
1324 av. J.-C.

Yuyé pensa d'abord qu'Ay allait la tuer, puis disposer de son corps. Il l'avait traînée hors de la chambre de Toutankhamon avec une telle force qu'elle crut qu'il lui avait brisé le poignet.

Il l'enferma dans une chambre située deux portes plus bas et la jeta sur le lit.

— La reine le saura si vous me tuez, l'avertit-elle, s'efforçant de paraître plus téméraire qu'elle ne l'était.

— Je sais, répondit simplement Ay.

À la grande surprise de la jeune fille, il demanda alors à Yuyé d'enlever ses vêtements… et fit de même.

Le vieux vizir était maintenant couché sur elle. Si Yuyé n'était plus vierge, elle n'avait guère d'expérience. Sans trop savoir ce qu'elle devait faire, elle sentait bien que le moindre cri signerait probablement son arrêt de mort – même si ce n'était pas forcément ce soir, ni demain. Elle se soumit donc à lui.

Quel autre choix avait-elle? Cet homme était le dignitaire légal suprême en Égypte. Seul le pharaon pouvait le commander. En d'autres termes, Ay était la loi. Lui seul pouvait décider de ce qui constituait un viol ou non.

Au moins ne la brutalisait-il pas trop. Yuyé endura ce moment, consciente que ce secret-là ne devrait jamais être partagé avec la reine.

Il était sur le point de finir quand il s'arrêta et se mit à parler.

— Écoute-moi. Tu seras mon espion. Es-tu d'accord pour faire ça?

— Je ne comprends pas bien. Quel genre d'espion?

— Tu me répéteras les secrets de la reine, voilà quel genre.

— Elle s'en doutera. Ce n'est pas une idiote.

Ay se tint coi quelques instants. Les muscles encore à vif de son dos se contractèrent comme il se cambrait.

Il dégagea alors l'un de ses poings pour venir en frapper de toutes ses forces les côtes de la jeune fille. La douleur surpassa tout ce qu'elle avait ressenti au cours de sa vie et lui coupa le souffle, si bien qu'elle ne put même pas crier.

Ay retomba sur le côté.

— Je te préviens, il y en aura d'autres, des coups. On va se revoir. Je te ferai savoir quand et où. Entretemps, je veux que tout ce qui sort de la bouche de la reine me soit rapporté. C'est bien compris?

Yuyé approuva d'un signe de tête.

Ay remonta sur elle.

Palais de Toutankhamon
1324 av. J.-C.

Une semaine s'était écoulée depuis l'accident de char du pharaon. Sorti de son coma, Toutankhamon avait suffisamment récupéré pour pouvoir s'asseoir, manger un peu de soupe et boire du vin mélangé à de la coquille d'œufs broyée – boisson censée accélérer la guérison de son crâne blessé.

Mais c'est le sommeil qui occupait le plus clair de son temps, sous l'œil attentif de Tuya et de la reine. Les deux femmes se relayaient à son chevet, Ankhesenamon ayant pris la décision que ce seraient elles qui prendraient soin de lui jusqu'à ce qu'il soit tout à fait rétabli.

Ankhe passa un linge humide et frais sur son front et se pencha pour l'embrasser tendrement. Il lui avait adressé quelques mots auparavant, mais elle savait qu'il n'était pas encore tiré d'affaire.

Les plaies finiraient bien par se refermer, mais les infections pouvaient empirer à n'importe quel moment. Elle avait observé cela bien des fois chez des malades.

Elle l'embrassa de nouveau et lui murmura « je te pardonne », en le pensant réellement. Toutankhamon avait certes été infidèle, mais il l'avait fait pour l'Égypte, en dernier recours. Qui plus est, c'était elle qui le lui avait demandé.

La reine se redressa et lissa sa robe d'un geste, laissant son époux dormir pendant qu'elle retournait dans ses quartiers du palais. Il faisait noir depuis longtemps, et elle se sentait fatiguée après cette longue journée au chevet du malade.

Toutankhamon était maintenant seul dans l'obscurité, respirant doucement et régulièrement. Il y avait encore le linge blanc sur son front, mais le reste de son crâne était découvert. Elle se demandait s'il souffrait, sachant bien que nul autre que lui ne pouvait répondre à cette question.

Un bruit se fit soudain entendre dans l'entrée.

— Qui est là? s'enquit-elle. J'ai entendu quelqu'un.

Pas de réponse. La reine marcha jusqu'à sa chambre, oubliant cet étrange incident aussi vite qu'il s'était produit.

Peu après son passage, une imposante silhouette quitta l'arrière d'une des immenses statues de pierre décorant le hall, où elle s'était cachée. Avec calme et rapidité, un homme s'introduisit dans la chambre de Toutankhamon et se hâta jusqu'au lit du pharaon.

Dans ses mains, une massue de soixante centimètres. Dans son cœur, le meurtre.

Vallée des Rois
1917

Tel un important général à la tête d'une petite armée, Carter délivrait ses ordres, positionnant ses ouvriers sur le terrain, les plaçant précisément aux endroits qu'ils allaient bientôt devoir creuser, creuser, et creuser encore.

Les hommes se rendaient à leurs emplacements et s'appuyaient sur le manche de leur outil de travail, attendant qu'on leur donne le signal du départ.

À quarante-cinq ans, Howard Carter, parlant couramment l'arabe et fort de sa connaissance de l'Égypte, avait été jugé indispensable par l'armée britannique. Ainsi, plutôt que de chercher des pharaons pour la gloire, il avait passé la guerre au Caire à travailler pour le Service d'espionnage du Bureau de la guerre.

« Le service civil absorba une grande partie de mon temps pendant ces années, écrirait-il, mais il y eut quelques intervalles où j'eus l'occasion de mener à bien de petites fouilles. »

Il ne s'agissait là que de travaux de reconnaissance, et non de la recherche véritable de Toutankhamon ou de tout autre pharaon enseveli. Ce fut un 1er décembre, alors que le conflit faisait encore rage en Europe, que Carter fut dégagé de ses obligations et autorisé à retrouver sa bien-aimée Vallée des Rois.

« La difficulté était de savoir où commencer, nota-t-il. Je suggérai à Lord Carnarvon que nous prenions comme point de départ le triangle formé par les sépultures de Ramsès II, de Merenptah et de Ramsès VI. »

Tout comme leurs proches avaient cruellement manqué aux soldats des tranchées pendant cette période, Carter avait langui de rejoindre sa vallée. Se retrouver là, sous ce ciel d'un bleu étourdissant, avec la sensation d'une fine couche de poussière lui collant à la peau, c'était pour lui comme de retomber follement amoureux.

— Action ! hurla-t-il, faisant résonner ce mot dans toute la vallée.

L'armée des excavateurs au torse nu se mit en branle, se penchant pour activer les lames de leurs outils dans le sol.

Carter voulait nettoyer toute la zone entourant les tombes de Ramsès II et Ramsès VI jusqu'aux fondations, tâche qui impliquait de déplacer des dizaines de milliers de tonnes de pierre et de terre. Il avait déjà fait installer des voies ferrées à faible écartement, et s'était arrangé pour qu'un petit train puisse transporter tous les déblais loin du site.

Le plan était ambitieux, mais après une décennie et demie d'attente, un effort modeste n'aurait eu aucun sens pour Carter, ni pour Sa Seigneurie. Trop d'énergie avait été emmagasinée, trop d'ambition différée.

Mais trouverait-il un jour son tombeau vierge ? Trouverait-il Toutankhamon ?

Davis, devenu l'autorité suprême du lieu jusqu'à son départ, avait prétendu que les trésors de la vallée étaient épuisés, et ses mots avaient valeur de parole d'Évangile pour la plupart des experts. Mais il était mort, à présent. Il avait succombé à une crise cardiaque, six mois après avoir quitté la vallée. Carter, lui, était en revanche bien en vie, et toujours aussi âpre à la tâche.

Il songeait aux hommes qui creusaient pour lui, ces vétérans aux larges épaules dont les mains calleuses avaient déblayé tant de terre au cours de leur vie. Pensaient-ils aussi que la vallée était épuisée? N'étaient-ils là que pour la paye? Creusaient-ils toute la journée sous un soleil de plomb sans le moindre espoir de trouver quoi que ce soit? Ou bien croyaient-ils, en leur for intérieur, qu'ils pourraient être celui qui allait donner le coup de pelle providentiel, celui qui allait révéler un tombeau enfoui depuis la nuit des temps?

Seraient-ils de ceux qui allaient mettre la main sur l'insaisissable Toutankhamon?

Vallée des Rois
1920

Mais le fameux tombeau ne fut pas découvert en 1917, ni même au cours des deux années suivantes.

C'était avec une frustration croissante et bien peu de ses habituels espoirs chimériques que Carter disséquait la Vallée des Rois. Il avait remué tant et tant de terre pour atteindre le socle rocheux du sol qu'une nouvelle voie ferrée avait dû être construite pour évacuer tous les gravats de la vallée.

Des centaines d'ouvriers avaient travaillé pour le compte de Lord Carnarvon pendant de nombreuses saisons pour rien, ou rien de grande valeur. À Louxor, Carter était devenu la risée locale. On le considérait comme un pauvre homme se battant contre des moulins à vent.

Il avait découvert des tombeaux inachevés, des caches contenant des jarres d'albâtre, et une série de huttes d'ouvriers. Mais si sa patience semblait infinie, celle de Lord Carnarvon ne l'était pas. « Cela faisait maintenant plusieurs années que nos fouilles dans la vallée ne donnaient presque rien, déplora Carter. La question de savoir si nous devions poursuivre ici ou essayer ailleurs était très débattue. Après toutes ces années stériles, avions-nous raison de nous obstiner? »

Il scruta la vallée, cherchant quelque signe de Toutankhamon. Dans son esprit, « tant qu'il resterait la moindre parcelle de sol inexplorée, cela valait le coup d'essayer ». Son raisonnement était simple : « Si la chance tourne, on est d'un seul coup payé au centuple pour toutes ces années de travail inutile et abrutissant. »

Son regard s'attarda sur les silex et les huttes d'ouvriers exhumés à proximité du tombeau de Ramsès VI.

Tel serait son objectif l'année prochaine – s'il y avait une prochaine année.

Thèbes
1324 av. J.-C.

Une silhouette solitaire traversa la chambre du pharaon, tel un fantôme. Un fantôme furieux et vengeur.

C'était un soldat de l'armée égyptienne, un homme nommé Abdoul, enrôlé à l'âge de huit ans, qui avait passé sa vie au service du pharaon. Il n'avait ni femme ni enfants, et ses parents étaient depuis longtemps passés dans l'autre monde. En somme, ce guerrier n'était rien et n'avait rien. Il ne s'était jamais élevé au-dessus du rang de soldat. Une lance hittite lui avait pris un œil à la veille de son quarantième anniversaire, mais, à part celle-ci, il n'arborait que bien peu de cicatrices pour une vie entièrement passée à se battre.

Le moins que l'on puisse dire, c'est que ce pauvre Abdoul n'était guère habitué à tous les raffinements du palais. À chaque pas dans le couloir, il était sûr d'être bientôt repéré. Mais il n'y avait croisé âme qui vive. On eût dit que tous les gardes avaient été mis en congé cette nuit-là. Cela faisait-il aussi partie du plan?

Il avait laissé ses sandales à la caserne, sachant que ses pieds nus feraient moins de bruit sur le carrelage. Torse et tête nus également, il était vêtu d'un simple pagne bleu pâle. Sa main serrait un instrument préparé spécialement pour lui par l'un des meilleurs artisans du général Horemheb.

Une pierre du Nil, polie et de la taille d'un pamplemousse, avait été attachée au bout d'un bâton d'ébène d'une soixantaine de centimètres par des lanières de cuir. Une massue de guerre des plus attrayantes et des plus fiables, selon toute apparence. Mais l'œil aiguisé d'Abdoul avait décelé que l'objet était trop beau pour un véritable combat.

Qu'importe : il était idéal pour tuer ce jeune pharaon.

Vallée des Rois
26 février 1920

Quelque chose avait été découvert. Mais de quel genre de découverte s'agissait-il ? Grande ou petite ?

Carter se pencha pour être le premier à examiner la trouvaille, Lord Carnarvon sur ses talons, suivi de peu par Lady Carnarvon.

De prime abord, ils avaient l'air d'être en train d'inspecter un tas de débris plutôt ordinaire, fait de cailloux, de sable, d'éclats de silex et de poterie, abandonnés là pendant la lointaine construction d'une sépulture.

Mais en y regardant de plus près, ils se trouvaient en présence d'une douzaine de jarres d'albâtre, blanches et régulières. Et elles étaient intactes.

Carter s'approcha pour continuer de les dégager, mais Lady Carnarvon, bien qu'habituellement réservée, lui brûla la politesse. Malgré son embonpoint et son âge mûr, elle s'agenouilla prestement et se mit à gratter la terre avec frénésie. Les Carnarvon avaient investi beaucoup de temps et d'argent dans la vallée, et c'était la première découverte d'intérêt qu'ils aient jamais faite. Lady Carnarvon avait autant le droit que les hommes de profiter de ce moment fort excitant.

Ceux-ci s'éloignèrent un peu pour la laisser déterrer elle-même chaque jarre. On fit les comptes lorsqu'elle eut terminé : il y en avait treize. Parfaites, quasi immaculées, elles étaient vraisemblablement liées aux funérailles d'un roi du nom de Merenptah, et représentaient une découverte honorable.

Rien n'indiquait, en revanche, qu'elles aient quelque chose à voir avec Toutankhamon. La réussite était donc mineure, mais c'était toujours mieux que rien. Et à une semaine de la fin de la saison des fouilles de 1920, elle permettait de clore la période sur une note positive.

« C'était ce qui s'approchait le plus d'une vraie découverte depuis que nous œuvrions dans la vallée », écrivit Carter dans son journal.

Comme à l'accoutumée, le Don Quichotte de l'Égypte était rempli d'espoir.

Château de Highclere
1922

À dire vrai, tout ce temps passé par Carter dans la vallée avait été très onéreux... et infructueux. Il n'avait rien trouvé qui puisse justifier les centaines de milliers de livres dépensées par Carnarvon dans sa quête d'un grand pharaon perdu – ou même d'un moins grand.

Les jarres d'albâtre avaient relancé l'espoir après la saison de 1920, et permis d'oublier un peu les vaines prospections des années précédentes. Mais 1921 n'avait rien donné, pas plus que 1922. Rien ne laissait donc présager que la saison de 1923 serait différente des autres.

Les deux hommes arpentaient maintenant les jardins paysagers du château de Highclere, la propriété de famille des Carnarvon en Angleterre.

L'atmosphère n'était pas des plus détendues entre eux, et Carter avait l'intuition d'avoir été appelé pour recevoir de mauvaises nouvelles.

Au fil des ans, les deux partenaires étaient pourtant devenus amis. Ils avaient passé tant de temps ensemble à croiser les doigts pour que le prochain coup de pioche soit celui qui exhume un trésor fabuleux... Mais cet espoir semblait désormais enfui.

Des tonnes et des tonnes de roche avaient été arrachées à la terre. Pourtant, Howard Carter n'avait fait aucune découverte majeure en presque vingt ans de labeur. Sa réputation d'égyptologue revêche, arrogant et dépassé avait circulé de Louxor jusqu'ici, en Angleterre.

La guerre n'avait pas aidé. La santé du Lord s'était dégradée, loin des doux hivers égyptiens. Mais il en avait perdu l'habitude, pour ainsi dire, au point qu'aujourd'hui, il était prêt à abandonner ces fouilles coûteuses qui n'accouchaient de rien de valable.

Carter avait cependant un nouvel argument à faire valoir : il avait localisé d'anciennes huttes d'ouvriers près de la tombe de Ramsès VI, mais n'avait pu creuser plus profondément en raison de l'intense trafic dû au tourisme. Son plan d'action était de reprendre les fouilles début novembre, afin d'éviter la haute saison touristique.

Carnarvon résista. Il en avait assez de la vallée, il ne financerait plus aucune fouille. Leur partenariat touchait à sa fin.

— Je suis désolé, Howard. Cela m'attriste presque autant que vous.

La nouvelle aurait ébranlé Carter s'il ne l'avait anticipée, et déjà prévu sa prochaine réplique. Il s'éclaircit la gorge.

— Monsieur, il reste bel et bien une dernière tombe à trouver. J'en suis certain. Si certain que, si vous me permettez d'utiliser votre concession dans la vallée, je financerai la prochaine année de fouilles sur mes propres deniers. Bien sûr, ajouta-t-il, nous partagerions le fruit de mes découvertes.

Carnarvon était stupéfait.

— Mais vous n'avez pas cet argent ! s'exclama-t-il.

— Je le trouverai, monsieur, répondit Carter.

— Vraiment ? Pour payer les salaires d'une centaine d'hommes ? Pour payer les gardes ? Et la nourriture ?

Carter offrit l'un de ses rares sourires.

— Je n'ai pas beaucoup d'appétit, pour ce qui est de la nourriture. Par contre, j'aurai besoin de cigarettes.

Carnarvon plissa les yeux en se frottant le visage d'une main manucurée. Cette démonstration de foi le touchait.

— Bien. Je vous finance un an de plus. Mais rien qu'un, Howard. C'est votre dernière chance. Trouvez-moi Toutankhamon, ou tout est fini.

Palm Beach
Époque actuelle

— Qu'est-ce qui te fait sourire comme ça, Jim? demanda Susan.

Mon épouse me regardait depuis la porte de mon bureau. Elle est grande, blonde, avec des airs de femme fatale des films noirs des années 1940. Mais une femme fatale sortie du Wisconsin.

Je venais de raccrocher le téléphone après une conversation avec Martin Dugard.

— Mon intuition se renforce. Toutankhamon a été assassiné, Sue. Il faut juste que je comprenne par qui.

— Une intuition ne vaut pas grand-chose si tu ne peux pas la démontrer, dit-elle. À moins que j'aie loupé quelque chose?

— Oh, mais je compte bien le démontrer, lui rétorquai-je avec un sourire. Merci quand même pour ta confiance.

— Pas de quoi! lança-t-elle en tournant les talons.

Femme fatale, disais-je? Assurément.

Cela dit, Sue n'avait pas tort. Comment allais-je prouver que Toutankhamon n'était pas mort des blessures consécutives à son accident de char? C'était la théorie la plus communément admise pour expliquer son décès.

Mon personnage de fiction le plus populaire, le Dr Alex Cross, vit en suivant son instinct et ses intuitions. Probablement parce que j'en fais autant. En ce moment précis, je sentais que j'allais non seulement rassembler les preuves que Toutankhamon avait été assassiné, mais que je découvrirais bientôt le meurtrier, qui ne serait peut-être pas celui auquel on pouvait s'attendre. Et c'était cet aspect-là qui me stimulait le plus.

J'étais en train d'annoter un nouveau manuscrit de Cross avant que Martin ne m'appelle. Les pages étaient empilées sur un coin de mon bureau ovale couleur miel, à côté des feuillets d'une douzaine d'autres projets en cours.

Voici comment se déroulent la plupart de mes journées : lever à 5 heures du matin, écriture, une pause – golf ou film –, puis retour au bureau. Et cela sept jours par semaine. J'ai une capacité – à moins que ce ne soit une malédiction – à travailler sur plusieurs choses à la fois. Mais Toutankhamon m'empêchait de me concentrer sur tous mes autres projets.

Ignorant le manuscrit sur mon bureau, je consultai ma liste des pharaons.

Le Nouvel Empire, c'est-à-dire la période allant de la XVIIIe à la XXe dynastie, avait duré un peu plus de cinq cents ans. Il y eut une trentaine de pharaons pendant cette ère, mais ceux qui m'intéressaient étaient Toutankhamon et celui qui lui avait succédé. Il semblait raisonnable d'estimer que la personne qui avait le plus à gagner dans sa disparition était celle qui prendrait sa place sur le trône. Et gagnerait ainsi l'argent et le pouvoir.

Mon doigt parcourut la liste. Mais un coup de vent violent s'engouffra soudain par la fenêtre ouverte, éparpillant au sol la moitié du manuscrit de Cross. Je me demandai un instant si un antique dieu égyptien ne venait pas de se manifester. Ou était-ce un avant-goût de la malédiction du pharaon?

Je lus à haute voix la succession des rois.

— Aménophis II, Thoutmosis IV, Aménophis III, Akhenaton, Néfertiti, Toutankhamon...

Je m'interrompis subitement. Ce ne fut pas seulement le nom suivant qui retint mon attention, mais les deux. Malgré mes précédentes lectures de cette liste, ce fut alors seulement que je pris conscience de ce qu'elle recelait. Car ce n'étaient pas uniquement des noms, mais les pièces d'un puzzle resté irrésolu depuis des milliers d'années.

Les yeux rivés à ma feuille, je commençai à me dire que je ne mettais pas simplement le nez dans une banale histoire de crime, mais bien dans celle d'une conspiration très calculée. Mon fameux instinct faisait surface, une fois de plus – raison pour laquelle, je pense, le magazine *Time* m'avait un jour surnommé « l'homme qui vise juste ».

Vallée des Rois
1er novembre 1922

Les hommes étaient rassemblés, prêts à se lancer dans une journée de travail de douze heures, généralement du lever au coucher du soleil. Carter connaissait la plupart d'entre eux de vue ou par leur nom, après des années passées ensemble dans la vallée. Décontractés, ils portaient leurs outils de travail sur leurs épaules, vêtus de fines sandales et de longs vêtements blancs leur tombant jusqu'aux chevilles.

— *Mabrouk!* lançaient-ils à la cantonade, dans un sourire attestant de leur disposition à entamer une nouvelle saison sous les ordres de leur intransigeant patron.

Carter tenta de paraître optimiste, mais, cette année plus que jamais, il était rongé par le doute.

« Nous avions retourné la vallée pendant des années pour de bien maigres résultats, écrivit-il avec une rare simplicité, mais après tout ce temps perdu, était-il vraiment raisonnable de poursuivre la tâche? »

Il avait décidé que oui, et réussi à convaincre Lord Carnarvon d'investir quelques milliers de livres supplémentaires. D'un signe de tête à son premier contremaître, Reis Ahmed Gerigar, il donna officiellement l'ordre du début des fouilles.

Ils commençaient le travail deux mois plus tôt qu'à l'habitude, avec l'espoir de finir l'ouvrage avant la saison touristique.

Près de l'endroit où il se tenait, juste en face de l'ouverture caverneuse de la tombe de Ramsès VI, se dressait un triangle de ruines mises au jour cinq ans plus tôt : une chaîne de huttes, habitat des travailleurs de l'Antiquité.

Carter rapporta : « Probablement étaient-elles utilisées par les ouvriers travaillant au tombeau de Ramsès. Ces huttes, construites à moins d'un mètre au-dessus de la roche de fond, recouvraient toute la zone située en face du tombeau de Ramsès, et continuaient dans la même direction jusqu'à rejoindre un autre groupe de huttes similaires de l'autre côté de la vallée, découvert par Davis lors de ses travaux de recherche sur Akhenaton. »

Dans un premier temps, les hommes de Carter enregistreraient l'emplacement et les dimensions exactes de chaque hutte. Puis ils les démonteraient et creuseraient le sol jusqu'à la roche de fond. Une fois arrivés là, ils pourraient balayer les derniers restes de sable et de terre, à l'affût de la fissure qui pourrait mener à la sépulture manquante de Toutankhamon. Un architecte des temps anciens aurait pu couper droit dans la pierre pour créer le plus solide et le plus durable de tous les sites funéraires. Un escalier, ou peut-être un long couloir enfoui, en marquerait alors l'entrée.

C'est en tout cas ce qu'espérait Carter.

Il regarda le sol de près pour se rassurer. Il y avait presque un mètre de cailloux et de sable mêlés sous les huttes de pierre, les cailloux provenant vraisemblablement du travail de déblaiement des esclaves et des prisonniers quand ils avaient creusé le tombeau de Ramsès VI. Le sable, lui, avait été acheminé plus récemment par des glissements de terrain.

« J'ai toujours eu cette espèce de sentiment superstitieux qui me disait que l'un des rois manquants, peut-être Toutankhamon, pouvait se trouver dans cette partie de la vallée », écrivit Carter dans l'un de ses nombreux journaux personnels.

Mais il ne possédait rien d'autre que cette simple intuition. Ce qui était certain, en revanche, c'était que cette zone demeurait la seule à n'avoir pas été entièrement fouillée au sein de la vallée. Pour autant, personne n'aurait pu dire si ou quand un autre trésor allait y être déniché.

Carter regarda ses hommes travailler. Ils bavardaient sans cesse, échangeant des ragots sur leurs amis et leurs femmes pendant que leurs pioches martelaient le sol rocheux. Le bruit de leurs outils résonnait d'un bout à l'autre de la vallée. Sa cadence régulière constituait presque une musique aux oreilles de Carter.

Malgré leurs bavardages, les ouvriers étaient volontaires et précis dans leur travail. Des années de dur labeur avaient fait d'eux des égyptologues compétents, à leur manière. Ils savaient quand y aller doucement et quand dégager la terre sans retenue.

Carter n'avait donc pas grand-chose à faire d'autre que les observer, en espérant que cette année serait la bonne. Il faudrait des jours pour atteindre la roche de fond. Il eut aussi bien fait de rentrer chez lui pour se préserver du soleil et déballer la nourriture et le vin qu'il venait de rapporter de Londres.

Pourtant, il resta sur le site, préférant ressentir ici plutôt que dans sa maison les assauts du « doute engendré par tant de déceptions antérieures ».

Il alluma une autre cigarette et regarda la poussière voler.

Vallée des Rois
4 novembre 1922

C'était l'aube du troisième jour de la saison et rien n'avait été découvert.

L'optimisme du premier jour avait déjà cédé la place à une baisse de moral et à un certain mécontentement. Les ouvriers étaient toujours loquaces, mais d'une manière moins gaie et plus modérée, donnant l'impression qu'ils avaient déjà renoncé à tout espoir.

Un jeune garçon, fils d'un des travailleurs, jouait joyeusement dans le sable. Sa mission était d'apporter de l'eau, mais le soleil n'était pas encore assez haut pour que les hommes aient soif. Il se contentait donc de jouer à faire semblant de creuser.

L'enfant savait qu'il devait se tenir à distance des huttes où les adultes œuvraient. N'ayant pas d'outil adéquat, il grattait le sol avec une paire de bâtons. Comme il n'y avait pas d'arbre dans la vallée, il avait apporté ces petites branches de chez lui.

Le sable était meuble, il ne fallait donc que peu d'efforts pour enfoncer les bâtons profondément dans le sol.

Soudain, l'une des branches heurta quelque chose de dur. Le cœur du garçonnet se mit à battre plus vite et son esprit s'emballa tandis qu'il jetait son instrument pour déblayer le sol de ses propres mains.

Il jeta un coup d'œil à la ronde pour voir si quelqu'un l'avait remarqué, craignant qu'un des hommes ne le voie creuser et s'attribue le mérite de ce qu'il pourrait découvrir.

Un objet solide apparut rapidement. Il était lisse et horizontal, fait de pierre. Plus il déblayait, plus l'enfant se rendait compte que sa découverte n'était pas anodine.

C'était une marche. Ici, et pas là où les hommes fouillaient.

Quelqu'un, autrefois, avait taillé cette marche à même la roche. Le temps et les éléments l'avaient ensuite recouverte. Aujourd'hui, des milliers d'années plus tard, un jeune porteur d'eau l'arrachait à la terre à l'aide d'une paire de bâtons de fortune.

Le garçon regarda encore autour de lui, s'assurant que personne ne l'avait vu faire, puis, hâtivement, il repoussa le sable dans le trou qu'il avait creusé.

Il marqua précautionneusement l'endroit. Puis, aussi vite que ses petites jambes le lui permettaient, il courut informer M. Howard Carter de l'existence de ce mystérieux escalier.

Désert d'Égypte
1324 av. J.-C.

— Cessez de creuser !

La voix résonna dans le couloir, interrompant le vacarme du perpétuel martèlement des coups de maillet et de burin.

Le contremaître était furieux. Il se campa fermement sur ses jambes, les mains calées sur les hanches, et se tourna pour regarder venir cet insultant imbécile, qui que cela pût être. Personne d'autre que le pharaon n'avait le droit de proférer cet ordre.

Il entendit des pas dans le couloir, et les protestations des hommes qui se faisaient bousculer par l'intrus. En vérité, il se souciait peu que ces prisonniers de guerre et autres criminels de bas étage soient malmenés. De toute façon, ils seraient exécutés une fois la tâche terminée, afin de garder secret l'emplacement du tombeau.

Un messager royal surgit et s'arrêta juste devant lui. Il portait un pagne sophistiqué et avait les yeux lourdement maquillés – maquillage qui commençait visiblement à souffrir de la chaleur du désert.

Sans en être certain, le contremaître pensa que le messager devait travailler pour le vizir. Quoi qu'il en soit, mieux valait rester courtois avec l'individu.

— De quel droit débarquez-vous sur mon lieu de travail pour décréter une telle chose ? demanda le contremaître en détachant chaque syllabe.

Avant cela, il s'était forcé à compter jusqu'à dix pour éviter d'envoyer directement un crochet dans l'arrogante petite mâchoire de son visiteur.

— Sur ordre du royal vizir, rapporta le messager.

Le contremaître se reprit quelque peu.

— Je vous écoute. Donc, sur ordre du royal vizir, que se passe-t-il?

— Le pharaon est mort, annonça le messager en s'inclinant, et d'une voix si basse que le contremaître l'entendit à peine. Des rumeurs circulent, qui prétendent qu'il a été assassiné et que d'autres morts vont suivre.

La surprise évidente du contremaître sembla flatter l'homme.

— Est-ce un secret?

— Le plus grand de tous. À votre place, je ne le répéterais à personne.

— Mais vous venez de le faire.

— Vous n'êtes pas à ma place, monsieur le fossoyeur.

Un silence pesant s'installa. Le contremaître était tellement abasourdi par la nouvelle qu'il lui fallut un moment pour en mesurer les conséquences.

— Je ne pourrai pas finir ce tombeau en soixante-dix jours, c'est impossible.

C'était le temps requis pour les phases de deuil, d'embaumement et de momification, avant que le pharaon ne soit inhumé pour l'éternité.

— C'est la raison pour laquelle je suis venu à vous. Nous terminerons ce tombeau plus tard. Le pharaon sera enterré ailleurs, au centre de la vallée.

Une fois encore, le contremaître n'en croyait pas ses oreilles.

— Mais ce n'est pas une tombe digne d'un pharaon. Ce n'est qu'une bagatelle ! Quatre salles et une minuscule entrée ! C'est un… un cabinet !

— Certes, mais un cabinet achevé.

— Il a encore besoin d'être peint, répliqua le contremaître, tentant de garder un tant soit peu de contrôle sur la terrible situation.

La tradition voulait que des scènes de la vie du pharaon et de son voyage dans l'au-delà ornent les murs, dans des peintures minutieuses et de grands à-plats de couleurs vives.

— Tout à fait. C'est pourquoi vous devriez dire à vos hommes de se mettre immédiatement à la peinture… là-bas.

— Arrêtez de creuser ! rugit le contremaître.

Il se tut quelques instants, dévisageant le messager avec curiosité.

— Et qui va… ?

— Hériter de sa tombe ?

Le contremaître opina du chef.

— Le royal vizir a gracieusement offert d'en soulager feu le pharaon.

Vallée des Rois
1324 av. J.-C.

Ankhesenamon surplombait les marches de pierre descendant à la sépulture de son époux. Les funérailles n'auraient lieu que dans soixante-dix jours, mais elle voulait d'ores et déjà voir l'endroit qui constituerait sa dernière demeure.

Les momies de leurs enfants décédés seraient également enterrées là. Quant à elle, elle devrait être inhumée loin d'ici, dans la Vallée des Reines. La simple idée de cette séparation l'emplit de chagrin, malgré sa conviction de tous les retrouver dans le monde d'après.

Elle fit un signe à Yuyé, sa dame d'honneur, pour lui signifier qu'elle ne souhaitait pas être suivie, puis elle descendit l'escalier, d'un pas aussi royal que possible.

Les marches menaient à une sorte de vestibule en pente douce. Elle remarqua avec amertume l'absence totale de décoration sur les murs, qui étaient encore de pierre brute.

Ankhesenamon comprenait que le temps constituait un réel problème : on ne disposait que de soixante-dix jours entre la mort et l'enterrement. Mais quelques peintures seraient tout de même de mise, et plus appropriées aux circonstances.

Elle se retourna vers la lumière de l'entrée, vérifiant que personne ne la suivait – ce qui était apparemment le cas.

La reine poussa un soupir de soulagement. Elle tenait absolument à être seule en cet instant. Elle avait cruellement besoin de réfléchir sur ce qui constituait pour elle des questions de vie ou de mort.

Le vestibule donnait sur une petite salle, puis sur une autre, plus spacieuse. Le chemin était éclairé par de petites lampes, qui faisaient danser des ombres fantomatiques sur les murs du tombeau.

Elle eut un nouveau soupir de soulagement en découvrant des fresques représentant la vie de Toutankhamon. Au moins sa mémoire serait-elle honorée dans cette pièce.

Au centre de la petite salle se trouvait le trône royal, semblant attendre que le roi vienne s'y asseoir. Elle s'en approcha et caressa l'ouvrage fait de bois et d'or. Un sourire illumina son visage quand elle découvrit l'arrière du fauteuil, où des scènes de leur vie conjugale avaient été gravées. L'une d'entre elles la représentait en train d'oindre la tête de son mari d'huile. Une autre montrait une scène de chasse sur le Nil, lui, bandant son arc, tandis qu'elle désignait un gros canard du doigt en lui tendant une flèche.

Elle se remémora ce jour, ou un jour en tout point similaire, comme si c'était hier.

Une autre raison l'avait poussée à se rendre ici : Ankhesenamon tremblait pour sa propre vie.

Elle fit le tour du trône, redoutant les émotions qui se bousculaient en elle. Jamais encore elle ne s'était sentie aussi seule, et n'avait eu autant besoin de la voix rassurante de Toutankhamon.

Lui saurait sûrement quoi faire. Au fil du temps, elle l'avait vu développer sa confiance en lui en présence d'Ay, au point que celui-ci n'avait presque plus aucun pouvoir sur son mari.

Toutankhamon se plaisait à lui rappeler qu'Ay et sa femme n'étaient guère plus que des serviteurs glorifiés par leurs parents. La femme d'Ay, en effet, avait été la nourrice de Néfertiti. La reine ne devait donc rien avoir à craindre de leur part.

Ankhesenamon prit une longue inspiration et s'autorisa à venir s'asseoir sur le trône. Elle s'y tint d'abord très droite, avant de s'adosser pour prendre une posture plus détendue. C'est ainsi que le pharaon s'y installait : pas raide ou figé comme un timide dirigeant, mais décontracté et sûr de lui.

Assise là, elle crut presque entendre sa voix. Il avait l'habitude de s'exprimer de façon très directe, sans craindre de dire la vérité à qui méritait de l'entendre. Ankhesenamon sentit alors sa force monter en elle, comme si son époux lui-même lui transmettait son assurance. Mais c'en était trop pour elle : elle éclata soudain en sanglots et pleura longuement, seule dans la tombe.

Toutankhamon n'était plus de ce monde, il fallait s'y résoudre. Mais comment gouverner sans lui ?

Forte et sereine, la voix du défunt se fit soudain entendre en elle : *Une femme ne peut être pharaon en ces temps difficiles. Deux choix s'offrent à toi : épouser Ay et le laisser gouverner, ou trouver un roi étranger pour occuper le trône.* Certaines de ses sœurs avaient épousé des Asiatiques… Pourquoi n'en ferait-elle pas de même ?

Parce qu'elles ne sont que princesses, alors que je suis reine – et même pharaon en ce moment précis.

Les pleurs d'Ankhesenamon cessèrent, mais sa peine était vive. Elle ne voulait se marier avec personne d'autre, et certainement pas avec Ay. Mais elle était la reine, et n'avait pas le choix. Quel que soit son plan pour la suite, il fallait penser au bien de l'Égypte.

La jeune femme contempla longuement les murs du dernier asile de Toutankhamon. Elle avait du mal à croire que son corps allait être enfermé pour toujours dans cet endroit. Si seulement elle pouvait partager cette chambre avec lui !

Mais ce n'était plus le moment de songer à de telles choses. Il fallait agir, et vite. Elle avait à peine soixante-dix jours pour cela.

Ankhesenamon sortit de la chambre funéraire, le buste droit, avec un vrai port de reine. Elle composait déjà dans sa tête la lettre qui allait la libérer.

Ou qui la tuerait. Comme le malheureux Toutankhamon.

Vallée des Rois
Avril 1324 av. J.-C.

Les plus riches et les plus importants citoyens d'Égypte avaient parcouru l'aval et l'amont du Nil pour venir pleurer l'enfant-roi. Ils arboraient leurs pagnes et robes les plus colorés, et exhibaient leurs colliers d'or. Cette débauche de couleurs et d'exotisme contrastait étrangement avec la désolation propre à la vallée.

L'étroite bouche d'entrée du tombeau ne pouvait accueillir la foule des personnes endeuillées. Seule une élite eut donc l'ultime honneur de pénétrer dans la salle où le pharaon allait reposer pour l'éternité.

Le dernier voyage de Toutankhamon fut long et laborieux : le cercueil, en or massif, était très lourd, et la pente était raide. La sueur recouvrant les épaules des porteurs le rendait glissant, et chacun voyait que ces hommes, pourtant costauds, luttaient pour ne pas laisser tomber le pharaon.

Sous les rayons ardents du soleil, la foule tentait de suivre la procession. Même les femmes les plus soignées et les plus délicates transpiraient comme des malheureuses, des coulées noires de maquillage leur traversant les joues. Les plus chanceuses étaient éventées par des esclaves, dans une dérisoire tentative d'obtenir un souffle d'air au cœur de cette fournaise.

Pourtant, personne n'osait s'éloigner pour rechercher un coin d'ombre. Il faudrait attendre que la dépouille du pharaon soit à jamais sous terre.

Le contremaître posa son regard sur la reine, resplendissante malgré son chagrin, retenant ses larmes sans pouvoir pour autant dissimuler sa peine. Il avait toujours pensé qu'elle était quelqu'un de bien, et tellement trop jeune pour avoir déjà enduré la perte d'un mari et de deux bébés. Il se demandait ce qui allait advenir d'elle par la suite, et comment elle allait diriger cet immense pays. Il lui incombait dorénavant de préserver le contenu du tombeau, car même les citoyens les plus fortunés ou puissants de Thèbes pourraient être tentés de s'emparer d'un bibelot en or, si l'occasion leur en était donnée.

Lorsque le corps du pharaon fut placé dans la tombe, le contremaître se fraya un chemin parmi la foule et descendit les marches.

Toutankhamon reposait désormais dans un sarcophage d'or, décoré de l'image de son visage. Ce cercueil fut placé dans un autre, plus large, entreposé à son tour dans une grande boîte d'or et de bois : une chapelle, elle-même recouverte d'une autre, et placée au sein d'une dernière chambre très travaillée et recouverte d'or.

La structure finale était si imposante qu'elle remplissait presque la totalité de la salle. À l'aide de plâtre et de bois, les ouvriers s'attelaient maintenant à enfermer à tout jamais ce précieux dispositif funéraire à l'intérieur de la tombe.

Pendant qu'ils étaient à l'œuvre, de nombreux hommes commencèrent à déposer les biens personnels de Toutankhamon dans la pièce plus vaste qui jouxtait la chambre funéraire. Aucun de ses objets n'était considéré comme trop petit ou insignifiant. Cela allait du plateau de jeu de son enfance aux lits funéraires, et jusqu'au trône d'or royal aux pattes de lion. La tâche dura des heures, comme si Toutankhamon venait de faire déménager tout ce qu'il possédait dans une nouvelle résidence – ce qui était bien le cas.

— Nous avons terminé, annonça le maçon en invitant le contremaître à venir inspecter le travail.

Le plâtre était encore humide, mais il était clair que l'ouvrage avait été réalisé à la perfection. Il faudrait une volonté et une force surhumaines à un pillard pour pénétrer cette chambre. Atteindre le corps du pharaon supposait en effet de faire tomber l'intégralité du nouveau mur érigé, puis de démonter chaque pièce du lourd sépulcre d'or et de bois.

— Vous êtes en sécurité, à présent, murmura le contremaître, fier du travail accompli. Vous auriez fait un bon pharaon.

Plus personne ne viendrait déranger Toutankhamon, dorénavant.

Le contremaître fut le dernier à quitter la vallée ce soir-là. Grimpant sur sa mule, il entama son petit trot habituel jusqu'à Thèbes.

Apercevant au loin la procession de la reine avec tous ses courtisans et ses bannières royales de couleurs vives, il fut soudain saisi par l'idée que la tombe de son défunt mari était bien trop petite, et trop bien scellée, pour qu'elle puisse un jour l'y rejoindre.

Or, il n'avait connaissance d'aucun projet de construction de tombeau pour la reine.

La chose était fort étrange.

Qu'allait devenir Ankhesenamon?

Vallée des Rois
4 novembre 1922

Carter grillait sa cinquième ou sixième cigarette de la journée, et se sentait à nouveau plein d'espoir. Les pieds calés dans les étriers de sa fine selle de cuir, il cheminait tranquillement sur le dos de sa mule marron et blanc.

Le chemin de terre serpentait au milieu de collines abruptes qui s'élevaient jusqu'à céder le champ au ciel bleu pâle.

En trente ans, il avait emprunté cette route d'innombrables fois, et ce jour ressemblait à presque tous les autres, avec son lot d'espérance bientôt suivi par la déception. La nuit précédente, avant de rentrer chez lui, il avait donné la consigne à son bras droit de finir de dégager le sol jusqu'à la roche de fond. Fumant sa cigarette, il se demandait maintenant comment les choses avaient avancé.

Trente ans, songeait-il. C'était bien long pour ne récolter que si peu. *Pas étonnant que les gens ricanent dans mon dos à Louxor.*

Il remarqua soudain que la vallée était silencieuse. Bizarre… Elle ne l'était jamais, du moins pendant la saison des fouilles.

Inquiet, il descendit de sa monture et l'attacha à l'ombre. Reis, son chef de chantier, vint immédiatement à lui pour lui annoncer la nouvelle. « On m'accueillit en me disant qu'une marche taillée à même la roche venait d'être découverte, se rappellerait-il. Cela semblait trop beau pour être vrai, mais une rapide vérification permit de confirmer le fait. »

Carter avait déjà vu ce type d'escalier dans de nombreux caveaux de la vallée.

« Je me permis presque d'espérer que nous tenions enfin notre sacré tombeau. »

Vallée des Rois
4 novembre 1922

Il donna l'ordre aux hommes de creuser. La marche découverte par le petit porteur d'eau en révéla rapidement d'autres, menant de plus en plus profond dans la roche située à quelques mètres seulement sous l'entrée du tombeau de Ramsès VI.

Carter avait suffisamment d'expérience de la vallée pour savoir que ce genre d'escalier était toujours associé à la construction d'une sépulture. La façon dont la roche avait été travaillée était un aveu plus qu'éloquent.

Les ouvriers n'eurent pas besoin d'instructions : toutes les autres zones de travail du site furent abandonnées dans l'instant.

Pendant qu'un groupe creusait en profondeur, dégageant la terre agglomérée et le calcaire qui recouvraient l'escalier, un autre travaillait en surface. Leur mission était de déblayer les alentours de l'ouverture jusqu'à ce que les véritables taille et forme de la cage d'escalier soient dévoilées. Carter n'interrompit le travail qu'à la nuit tombée.

Mais la cadence infernale reprit le lendemain dès l'aube, et les hommes avaient retrouvé leur volubilité légendaire.

L'après-midi du 5 novembre, il devint clair qu'ils étaient en présence des décombres d'une grande structure souterraine. La seule chose à faire était de creuser jusqu'à ce qu'une entrée soit trouvée.

Pourtant, Carter eut un soudain retour de pessimisme. Malgré le prometteur bruit des pioches et la poussière qui saturait l'air, il commença à douter de la nature de la chambre souterraine.

Était-elle vide ? Avait-elle seulement jamais servi ? S'agissait-il d'un simple lieu de stockage ou d'une véritable tombe ? Et si c'était bien une tombe, était-il possible qu'elle ait échappé au pillage ?

L'escalier formait désormais un passage partiellement couvert, mesurant trois mètres de hauteur sur moins de deux mètres de large. Huit marches avaient été découvertes.

Puis neuf.

Dix.

Onze marches.

À douze, ils tombèrent sur la partie supérieure d'une porte. Celle-ci était « bloquée, plâtrée et scellée ».

Scellée : c'était bon signe. Carter commença à croire qu'il était possible qu'il ait mis la main sur une tombe inviolée.

« Tout, tout peut littéralement se trouver derrière ce passage, écrivit-il alors. Il me fallut tout mon sang-froid pour ne pas le défoncer et me mettre à fouiner partout. »

Mais pour l'heure, il était las des recherches. Comme le soleil se couchait déjà sur la Vallée des Rois, en ce 5 novembre, Carter ordonna de cesser de creuser.

Et plutôt que d'aller voir plus loin, comme il en mourait d'envie, il donna l'ordre de combler la cage d'escalier.

Louxor
23 novembre 1922

Trois éprouvantes semaines s'étaient déjà écoulées depuis la découverte de la tombe quand le train du Caire s'arrêta à la gare de Louxor.

Rien n'avait été fouillé depuis le 5 novembre. Des sentinelles veillaient nuit et jour sur la cage d'escalier, entièrement comblée. Et au cas où le sommeil viendrait déjouer leur vigilance, d'énormes rochers avaient été roulés sur le trou comblé.

Le personnel de sécurité était indispensable. Des rumeurs sur la découverte avaient déjà rameuté des hordes de touristes dans la vallée, ce qui amena Carter à remarquer que « les nouvelles voyagent vite dans cette petite ville qu'est l'Égypte ».

Pourtant, il se refusait à ouvrir le tombeau.

« Lord Carnarvon était en Angleterre, expliqua-t-il. Par loyauté envers lui, je devais repousser l'échéance jusqu'à ce qu'il puisse venir. C'est pourquoi, dès le 6 novembre, je lui envoyai le télégramme suivant : "Ai enfin fait merveilleuse découverte dans vallée stop tombeau magnifique avec sceaux intacts stop tout recouvert en attendant votre arrivée stop félicitations." »

Carnarvon avait répondu par télégramme deux jours plus tard, expliquant qu'il ne pourrait peut-être pas se déplacer. Avant que Carter n'ait le temps d'interpréter la nouvelle comme le signe de la reprise des fouilles, un autre message arriva, annonçant que Carnarvon serait finalement là deux semaines plus tard.

« Nous avions donc une quinzaine de jours de répit. Nous consacrâmes ce temps à des préparations de toutes sortes, afin que, le moment d'ouvrir venu, nous puissions faire face sans délai à toute situation qui se présenterait », nota Carter.

Pendant ces quelques jours, comme un étrange présage, un cobra se glissa dans la maison de Carter et engloutit son canari domestique. Cela mis à part, tout se déroula paisiblement. Un ami nommé Arthur Callender fut sollicité pour se charger des petits détails que Carter n'avait pas le temps ou l'envie de gérer. On acheta la boisson et la nourriture préférée de Lord Carnarvon. Du fil électrique et des lampes furent acheminés du Caire.

Mais plus que tout, Carter passa ces deux semaines dans un état de doute et de remise en question perpétuels. C'était comme si sa vie entière reposait dans ce tombeau.

« Une chose me laissait perplexe: c'était la petite taille de l'ouverture, en comparaison avec les tombeaux habituels de la vallée, écrivit-il. Serait-ce la tombe d'un noble, inhumé ici sur consentement royal? Était-ce une cache royale, où une momie et tout son équipement auraient été transférés par sécurité? Ou était-ce réellement le tombeau du roi que j'avais passé tant d'années à rechercher? »

Les jours s'écoulant, et la nouvelle faisant rapidement le tour du monde, Howard Carter devint un homme célèbre.

Cela le terrifiait. Pas la notoriété, car après des années d'échecs et de lutte, il était bon de se faire un peu flatter l'ego. Mais si la tombe se révélait être vide, il serait la risée du monde entier, et sa carrière serait définitivement ruinée.

Dans l'attente de Lord Carnarvon et de sa famille, Carter avait fait de son mieux pour que tout soit prêt, au prix de nombreuses nuits sans sommeil.

Et aujourd'hui, enfin… ils étaient là !

Lorsque le train s'arrêta, le distingué Lord, portant foulard et manteau de laine par cette fraîche journée de novembre, sortit le premier du compartiment de première classe. Il fut suivi de peu par sa fille Evelyn, une beauté de vingt-deux ans avec qui Carter avait entretenu une aventure clandestine lors de la saison précédente, en dépit de leur différence d'âge. Quiconque aurait pris la peine de les observer alors aurait remarqué qu'ils ne se quittaient guère. Mais ici, à Louxor, Carnarvon serait jour et nuit au côté de Carter ; l'aventure ne pourrait donc aller plus loin.

Carter les accueillit tous deux chaleureusement, et tendit à Evelyn un bouquet de fleurs blanches. Puis ils partirent louer des ânes pour parcourir la dizaine de kilomètres qui les séparaient de la Vallée des Rois.

Leur route les mena à travers les grandes prairies verdoyantes des alentours de Louxor ; ils traversèrent ensuite le Nil en ferry avant de reprendre un chemin de terre jusqu'à la vallée.

Lady Evelyn était aussi radieuse qu'à l'accoutumée. Lord Carnarvon, en revanche, était faible et fatigué. Il avait incontestablement besoin de repos.

L'ouverture du tombeau devrait donc attendre un jour de plus.

Plein de frustration, Howard Carter accompagna ses invités jusqu'à sa demeure, pour une nouvelle nuit sans sommeil.

Vallée des Rois
24 novembre 1922

Le lendemain, Carter, Lord Carnarvon et sa fille arrivèrent sur le site. Pour l'égyptologue, c'était la fin tant espérée de trente ans d'attente, mais le suspense devait être également dur à soutenir pour les Carnarvon.

Les lourds rochers bouchant l'entrée du tombeau furent écartés, et Carter et ses hommes reprirent leur travail de déblaiement des marches.

Un groupe s'affairait à débarrasser le gros des gravats tandis qu'un autre révélait l'escalier avec précaution. Mais la tâche n'était pas aussi simple que de retirer du sable à coups de pelle, car, en s'enfonçant, des débris anciens se mélangeaient à la terre.

Lady Evelyn, peu consciente de l'enjeu historique, étudiait amoureusement la moindre amulette en forme de scarabée, le moindre éclat de poterie mis au jour dans l'amas de déblais qui allait croissant.

Carter, quant à lui, ne tarda pas à déchanter. Ce tas de débris lui semblait confirmer qu'il ne s'agissait pas d'une tombe, mais plutôt d'un royal dépotoir. « L'ensemble des objets produits tendaient à indiquer la présence d'un entrepôt caché plus que celle d'une sépulture, jugea-t-il sévèrement, une collection très variée d'objets de rois de la XVIIIe dynastie. »

Les éclats portaient en effet les noms de pharaons qu'il connaissait bien : Aménophis le Magnifique, Akhenaton, Thoutmosis. Très affecté par ce spectacle, il passa la journée à regarder le chantier du haut de la première marche, songeant que ce pourrait bien être la fin de sa carrière, et combien désastreux en serait ce dernier chapitre.

Lorsqu'il ne ruminait pas de telles pensées, il se penchait pour passer au crible la moindre pelletée remontée par ses ouvriers, les sermonnant de faire bien attention. Et sa mauvaise humeur empirait.

Enfin, « l'après-midi du 24, l'intégralité de la cage d'escalier était dégagée. Seize marches en tout. Nous allions pouvoir inspecter la porte scellée », rapporta-t-il.

La déception fut immense.

« La tombe était loin d'être intacte comme nous l'espérions. » Quelqu'un était entré là avant Carter.

Vallée des Rois
24 novembre 1922

Une fois la porte exposée à lumière du jour, il devint évident que les sceaux de plâtre avaient été trafiqués. Quelques pillards étaient probablement entrés dans le tombeau, puis avaient pris le temps de resceller la porte après s'être servis.

Carter se mit à cogiter, envisageant toutes les mauvaises options. L'effraction se serait-elle produite récemment ? Impossible. Les huttes de travailleurs et le sol meuble recouvrant la roche profonde antédataient la tombe à la période de Ramsès VI, pour le moins. Cela signifiait que celui qui avait dévalisé le lieu l'aurait fait au cours des deux cents ans séparant le règne d'Akhenaton de celui de Ramsès.

Une seule chose laissait encore un mince espoir à Carter : le sceau de Toutankhamon estampillait le tour de la porte.

L'indice entraînait d'autres questions. Le sceau garantissait-il que ce roi mystérieux, dont on savait si peu de chose, fût enterré à l'intérieur ? Ou n'était-il qu'une preuve qu'il avait été présent, ou au pouvoir, lorsque la dépouille ou les biens d'un autre avaient été relocalisés sur ce site ? Après tout, les mêmes sceaux avaient été découverts sur la tombe que Davis avait un temps proclamé être celle de Toutankhamon.

Le symbole n'avait pas livré la clé de son mystère quand la lumière commença à décliner, marquant l'arrêt des travaux. L'esprit de Carter ressassait encore et encore la même interrogation : était-ce Toutankhamon ?

Si tel était le cas, ce pourrait être la plus grande découverte des Temps modernes.

Dès le matin suivant, Carter aurait sa réponse. Aux premières lueurs de l'aube, il décida qu'il serait le premier homme à faire tomber cette porte depuis trois mille ans.

Vallée des Rois
25 novembre 1922

C'était le moment... ou presque. Avant que la porte ne soit abattue, il était en effet indispensable de photographier les sceaux royaux pour les archives historiques.

Cet honneur singulier échut à Lord Carnarvon, président de son club local de photographie en Angleterre, et qui se débattait maintenant avec les vitesses et les niveaux d'ouverture de son appareil, dans la pâle lumière du petit matin.

Il accomplissait cette mission dans le plus grand calme, en amateur éclairé, presque professionnel. Pour rien au monde il n'aurait voulu commettre une erreur, et risquer de faire de mauvais clichés – ou, pis, pas de clichés du tout.

De son côté, Carter n'était plus qu'un paquet d'angoisse et d'impatience. Pour ne rien arranger, un bureaucrate du Service des antiquités qu'il avait en horreur venait d'arriver pour superviser l'événement. Rex Engelbach, surnommé « la Truite » par Carter et Carnarvon en raison de son teint blême et huileux, avait clairement indiqué que ses fonctions lui donnaient le droit d'être le premier à pénétrer dans la sépulture.

Carter n'avait jamais aimé Engelbach, avec son arrogance cavalière et son manque de connaissances en égyptologie ; aussi, ce matin-là, il refusa tout net de se laisser importuner par l'intrus. Après une carrière laborieuse et parsemée d'échecs, il allait enfin entrer dans le tombeau de Toutankhamon. Ce n'était certes pas le moment de se prendre le bec avec un fonctionnaire, mais en aucun cas ce maudit Engelbach ne serait le premier à pénétrer dans ce sanctuaire.

Carter descendit les marches avec son carnet de croquis afin de reproduire chacun des sceaux et des gravures. Ses reproductions serviraient de doubles de sécurité aux photos de Carnarvon. Les deux amis travaillaient maintenant côte à côte dans l'espace restreint du bas de l'escalier.

Les dessins de Carter étaient d'une précision sans faille, tant dans l'échelle que dans les détails. Aucun aspect de l'original ne lui échappait. Ce ne fut qu'en milieu de matinée, lorsqu'il eut achevé chaque reproduction, qu'il remonta les marches en compagnie de Lord Carnarvon.

L'instant était venu.

Carter donna l'ordre à ses hommes de démolir l'imposante porte.

« Le matin du 25, écrivit-il, nous avons retiré ce qui constituait la porte, à savoir des pierres brutes savamment empilées du sol jusqu'au linteau, et largement enduites de plâtre sur leurs faces extérieures pour permettre l'impression des sceaux. »

Avide de savoir ce qui se passait au fond du trou, la foule se pressait en haut des marches. Mais les ombres et les gravats rendaient la vue impossible.

Carter franchit alors le pas. Il se retrouva à sonder l'obscurité d'une étroite entrée, toute en longueur. Le sol, doux et régulier, s'enfonçait dans la terre en un long corridor en pente.

Du sol au plafond, le passage « était rempli de pierres et de débris, probablement issus de sa propre excavation. Tout comme la porte, ce remplissage montrait les signes distincts de plus d'une ouverture et fermeture de la tombe, avec des parties intouchées faites d'éclats tout de blanc et de poussière, et d'autres, principalement d'un silex brun ».

Impossible de savoir jusqu'où s'enfonçait ce couloir. Mais une chose au moins était certaine : quelqu'un était déjà passé par ici.

« Un angle irrégulier avait été taillé dans le matériau d'origine, en haut du coin du côté gauche », nota Carter. L'emplacement avait subi une tentative d'ouverture il y a fort longtemps, victime de l'attrait de ce qui pouvait se trouver de l'autre côté.

Carnarvon prit une photo de la pile de gravats. Carter, plus nerveux que jamais, donna ensuite l'ordre de tout déblayer. Ce pourrait être long, mais le tunnel avait bien une fin.

Et, avec un peu de chance, les pilleurs de tombes n'auraient peut-être pas tout emporté.

Vallée des Rois
26 novembre 1922

Carter n'avait pratiquement pas touché à son déjeuner. Il était en train de passer au crible une corbeille de débris avec Lady Evelyn lorsqu'un de ses hommes, porteur d'une nouvelle, monta précipitamment les marches : les ouvriers venaient de trouver une deuxième porte.

Le cœur battant, Carter se prépara à redescendre pour évaluer cette nouvelle découverte.

Ces dernières vingt-quatre heures avaient été éprouvantes pour tout le monde. Les hommes avaient travaillé de nuit, débarrassant des paniers entiers de décombres. Mais, malgré leurs efforts, le couloir n'était encore qu'un long dépotoir de gravats.

Pour ne rien arranger, la terre était parsemée de « morceaux de récipients brisés, de bouchons de jarres, de vases d'albâtre, complets ou cassés, de poteries peintes, et de nombreux fragments de plus petits objets » : autant de signes supplémentaires que le site devait être un lieu de stockage, et non un tombeau.

Après quelques heures de repos, le travail avait repris dès le petit jour. Carter et Lady Evelyn filtraient méticuleusement le contenu de chaque panier remonté, à l'affût d'indices historiques. Car Howard Carter était avant tout un égyptologue, et un vrai. Pour lui, cette application à la tâche était un moyen de préserver des traces historiques. Il répertoriait chaque nouvelle découverte, si infime soit-elle, et ne se contentait pas de simplement déblayer le terrain comme l'aurait fait un Theodore Davis.

Pour la foule des curieux qui désespérait de voir l'intérieur du caveau et grillait littéralement sous le soleil, cette phase n'était qu'une monotone perte de temps qui ne faisait que ralentir encore les choses.

Un regain d'excitation parcourut la masse des spectateurs quand Carter emprunta l'escalier pour redescendre, accompagné de Lord Carnarvon, Lady Evelyn et Arthur Callender. Ils durent se contorsionner dans le mince passage pour échanger leurs places avec celles des travailleurs.

Tout comme « la fièvre du suspense », la poussière emplissait l'atmosphère.

La deuxième porte était une réplique quasiment parfaite de la première. Un sceau peu appuyé en estampillait la surface du nom de Toutankhamon, ainsi que l'éloquent symbole d'une nécropole royale.

Mais elle avait elle aussi été forcée dans des temps reculés, et Carter ne pouvait s'empêcher d'être pessimiste. « C'était une cache que nous nous apprêtions à ouvrir, pas une tombe. »

Il commença pourtant à creuser un trou dans la partie supérieure gauche de la paroi. Quand il retira les premiers morceaux de plâtre et de pierre, ses mains tremblaient. Callender lui tendit une longue barre de fer. L'empoignant fermement, Carter la fit passer par la mince ouverture jusqu'à ce qu'elle circule librement entre les deux côtés, confirmant qu'il n'y avait pas d'autre mur à faire tomber après celui-ci.

Il venait donc de percer le dernier obstacle.

Si Carter n'avait aucune idée de ce qui allait suivre, le grand moment était en tout cas arrivé. S'agissait-il d'une cache ou bien d'une tombe? Il n'y avait qu'une façon de le savoir. « La porte scellée se dressait devant nous, et derrière elle se trouvait la réponse à cette question. »

Carter élargit le trou qu'il avait ouvert avec la barre de fer. Il travaillait à mains nues, désormais seul en action.

Il se disait qu'il méritait bien cela.

Thèbes
Février 1324 av. J.-C.

Comme toujours, c'étaient leurs yeux qui les trahissaient.

Ankhesenamon étudiait donc attentivement le regard de toutes les personnes de la cour royale qui s'approchaient d'elle en ces temps incertains. Seule dans la grande salle de pierre à peine éclairée par le jour levant, elle se préparait à une nouvelle journée d'étude des yeux.

Légèrement baissés, ils indiquaient que la personne croyait que la reine avait tué son mari. Idem pour ceux qui arboraient un sourire tendu avec un regard fuyant. Elle n'aurait su décrire le regard de ceux qui avaient foi en elle, mais il s'en trouvait peu au sein du palais. Elle avait l'impression d'avoir été jugée coupable, sans autre forme de procès.

— Vous souhaitiez me voir, majesté? interrogea Yuyé, sa dame d'honneur.

La jeune femme s'inclina en pénétrant dans les quartiers de la reine, empêchant Ankhesenamon d'observer son regard.

Toutankhamon parti, la totalité du palais appartenait désormais à la reine, mais elle préférait demeurer dans ses appartements. Elle s'y sentait mieux, et plus en sécurité. Le seul changement qu'elle avait apporté à la vie du palais avait été de bannir la maîtresse de son époux. Celle-ci avait été renvoyée chez ses parents avec l'ordre de ne jamais remettre les pieds dans la royale résidence, quoi qu'il advienne.

— Prends une lettre, demanda-t-elle à Yuyé.

Tout en parlant, elle scrutait la pièce par-dessus l'épaule de sa servante, craignant d'être entendue et prise en flagrant délit de ce que certains n'hésiteraient pas à appeler une trahison.

Thèbes
Février 1324 av. J.-C.

Yuyé mâchonna une tige de roseau frais avant de le tremper dans l'encrier et de sortir une feuille de papyrus. Intriguée par le contenu de la lettre, elle était impatiente de commencer.

— « Mon très cher roi Hatti », dicta la reine d'une voix mal assurée.

Avant de continuer, Ankhesenamon réfléchit un moment. Si elle pouvait se fier à quelqu'un, c'était bien à cette fille. Seulement, la reine n'était pas sûre que son idée d'envoyer une lettre au roi des Hittites soit judicieuse. Ils étaient les ennemis de l'Égypte, et des siècles de conflits avaient engendré une profonde méfiance entre les deux nations.

Mais Ankhesenamon avait un plan, avec une vision à long terme qui ne pourrait qu'être profitable à l'Égypte. Les Hittites constituaient une nation puissante, dotée d'une bonne armée et de grands dirigeants. Un mariage entre la reine et l'un des fils du roi pourrait rendre l'Égypte encore plus forte pour les siècles à venir.

Elle reprit donc sa dictée.

— « Mon mari est décédé et j'ai ouï dire que vous aviez des fils en âge de se marier. La chose est providentielle pour vous comme pour moi. Envoyez-moi l'un de vos fils, et j'en ferai mon époux et le roi d'Égypte. »

Ankhesenamon marqua une pause, cherchant les bons mots pour conclure sa lettre. Elle ne parvint qu'à laisser échapper la pensée qui la hantait sans relâche.

— Je crains pour ma vie.

Yuyé releva soudain la tête et regarda Ankhesenamon avec étonnement.

Ce n'est qu'alors que la reine perçut le regard de sa servante : elle était, elle aussi, clairement persuadée que l'épouse avait tué son mari.

Thèbes
Février 1324 av. J.-C.

Cela faisait exactement vingt-huit jours qu'Ankhesenamon vivait dans la terreur. Elle les avait comptés un à un. Au vingt-neuvième matin depuis la mort de Toutankhamon, elle déambulait seule dans la cour du palais.

Le doux bruit de l'eau s'écoulant d'une fontaine lui donna une fausse impression de calme, tout comme le chant et le mouvement des oiseaux qui voletaient de branche en branche dans le verger voisin. Mais elle était si tendue qu'elle n'avait rien pu manger depuis le réveil, ni même boire un peu d'eau.

Ce serait pour aujourd'hui. De cela, elle était sûre – et de rien d'autre au sein du palais.

Il avait fallu quatorze jours au messager pour aller de Thèbes au royaume hittite. Le trajet de retour prendrait le même temps.

Si tout se passait bien, un prince parviendrait aujourd'hui au palais pour se proposer en mariage. Et, naturellement, elle accepterait. Ay se faisait plus effrayant de jour en jour, s'imposant comme le pharaon au palais. Cette revendication ne pourrait pourtant jamais être entérinée si elle ne l'épousait pas. Une fois le prince hittite arrivé, le sujet serait clos. Ay redeviendrait un simple sujet, forcé de passer le restant de ses jours comme vizir ou scribe royal. Voire moins.

Elle entendit des pas approcher, trop lourds pour être ceux de sa dame d'honneur. Ankhesenamon se retourna et se retrouva face à Ay.

— Bonjour, majesté, dit-il sèchement.

Il y avait quelque chose dans sa voix, comme une suffisance, une sorte d'autosatisfaction.

— Vizir.

— Y a-t-il quelque chose qui ne va pas? demanda-t-il, lui enlevant les mots de la bouche.

Elle respira profondément pour garder son calme.

— Cela ne vous regarde pas.

Ay prit place sur un banc, méprisant la tradition selon laquelle un sujet ne doit jamais s'asseoir quand un membre royal est debout. Plus que de l'insolence, ce simple geste avait le poids d'une véritable insulte.

— Levez-vous! ordonna la reine.

Le vizir sourit, mais se leva et s'approcha d'elle.

— Votre majesté, il reste encore du temps avant les funérailles de votre mari. Mais nous devons discuter de sa succession. Avez-vous un plan?

Elle ne répondit pas.

— Majesté, il vous faut un roi à vos côtés pour gouverner l'Égypte. Vous devez le comprendre.

— J'en aurai un, déclara-t-elle.

— Personne dans tout le pays n'est aussi capable que moi pour…

— J'ai dit que j'en aurais un. Veuillez ne pas aborder ce sujet délicat avec moi tant que mon époux n'aura pas goûté au repos éternel.

Ils furent interrompus par Yuyé, qui échangea un bref regard avec le vizir. La reine remarqua aussitôt ce contact. Était-ce de la connivence? Elle rejeta immédiatement cette idée. Yuyé ne la trahirait jamais. Et pourtant… quelque chose se passait.

— Un messager pour vous, majesté, annonça sa servante.

— Qui est-ce? interrogea Ay.

— C'est à moi de le savoir, pas à vous! tonna Ankhesenamon. Vous êtes renvoyé, vizir!

Un homme aux cheveux de geai fut conduit dans la cour après le départ d'Ay. Le visiteur avait laissé derrière lui un petit cortège de voyage, près des portes du palais. La reine sentit sa bouche se dessécher quand elle le reçut. De toute évidence, l'homme n'était pas un prince.

— Que signifie cette visite? demanda-t-elle, regardant Yuyé avec surprise.

La servante haussa les épaules pendant que le Hittite, visiblement mal à l'aise en présence de la reine, commençait à s'expliquer.

— J'ai un message de mon roi, dit-il en lui tendant un document, qu'elle lut rapidement.

Il verbalisa ensuite son contenu.

— Où est le fils de feu le pharaon? Qu'est-il devenu?

Ankhesenamon sentit une colère irrépressible monter en elle.

— Voyez-vous un enfant mâle se promener dans ce palais? Dites-moi, vous en voyez un? Et voyez-vous un jeune prince parcourir ces espaces sur son char? Que ne donnerais-je pas pour avoir un fils! Allons, votre roi pense-t-il que je lui aurais fait une blague? Mon courrier lui est-il apparu comme peu sincère, ou peu clair?

Le Hittite balayait le sol avec l'un de ses pieds, le regard baissé.

— Que dois-je dire à mon roi?

— Dites-lui ceci: pourquoi vous tromperais-je? Je n'ai pas de fils, et mon mari est mort. Donnez-moi un de vos fils, et je ferai de lui le nouveau roi d'Égypte.

L'homme demeura sur place, ne sachant trop que faire.

— Eh bien, qu'attendez-vous? lança la reine. Nous avons peu de temps devant nous. Jusqu'à ce que mon mari soit enterré, pas plus.

Lorsque le Hittite quitta le palais, Yuyé s'éclipsa pour rejoindre Ay.

Et la reine resta seule.

Frontière égyptienne
Mars 1324 av. J.-C.

Le prince s'appelait Zannanza.

Montés sur de beaux chevaux blancs, lui et son escorte trottaient sur la route de terre très empruntée qui reliait l'Asie à l'Afrique. C'était un Hittite de pure souche, qui faisait la joie et la fierté de son père. À vingt-deux ans, il avait déjà démontré son courage sur les champs de bataille ainsi qu'une belle assurance et des talents diplomatiques à la cour royale. Son mariage imminent avec la reine d'Égypte unirait les deux nations et marquerait un tournant dans l'histoire.

Zannanza allait être le nouveau pharaon, et jouir d'un niveau de pouvoir que son père même n'avait pas atteint. Le messager avait rapporté au prince que la reine égyptienne était une belle jeune femme, « fougueuse autant que gracieuse ». Aussi Zannanza avait-il hâte de rencontrer une telle personnalité et d'en faire son épouse.

Il but une gorgée d'eau et passa le récipient à son vizir.

— Les voyez-vous ? demanda ce dernier.

— Difficile de ne pas les voir, lui répondit Zannanza.

La reine avait apparemment dépêché un comité d'accueil. Un petit groupe d'Égyptiens attendait en effet à la frontière, s'abritant du soleil de la mi-journée dans une oasis verdoyante. Zannanza espérait qu'ils auraient emporté des provisions. Des fruits, peut-être, et de l'eau fraîche. La journée de voyage avait été rude.

Le prince éperonna sa monture, et c'est tout son petit groupe de soldats et de courtisans qui se mit bientôt à galoper en direction du comité d'accueil égyptien.

À leur arrivée, un petit homme ventripotent vint les accueillir à cheval.

— Je vous salue. Je suis Horemheb, le général de la reine. Elle vous envoie ses meilleurs vœux, prince.

— Je suis Zannan…

Le prince hittite n'eut pas le temps de finir de se présenter. La flèche vint se ficher subitement en plein milieu de son front. Il tomba de son cheval, son sang royal créant une large flaque rouge sur le sable.

Son entourage fut assassiné de la même manière par les archers. Ceux qui échappèrent aux flèches furent pourchassés et réduits en morceaux par les épées et les haches de guerre égyptiennes. Lorsque les vautours se posèrent pour commencer à picorer les cadavres, Horemheb mit pied à terre et se dirigea vers Zannanza.

D'un coup d'épée, il sépara la tête du prince du reste de son corps, puis la souleva triomphalement pour que ses hommes puissent la contempler. Ceux-ci applaudirent et se ruèrent sur les autres corps, cherchant tout ce qu'ils pourraient leur soustraire.

— Pour la reine! lança Horemheb avec un sourire sarcastique en fourrant la tête tranchée dans un sac.

Il reprit la route de Thèbes.

Thèbes
Mars 1324 av. J.-C.

La salle du trône était sombre et lugubre. Ankhesenamon et Ay s'étaient querellés pendant des heures, dès la fin du dîner. La reine et le vizir royal discutaient maintenant à la lumière du clair de lune. Il y avait plus d'une semaine que le débat faisait rage entre eux, et les mêmes mots y revenaient sans cesse.

Ses mots à elle étaient pleins de fureur et de bruit, et ricochaient sur les carreaux peints et les murs de pierre sans pouvoir être atténués par les draperies ou les plantes en pot. Quiconque ne dormait pas dans le palais pouvait tout entendre de ses argumentations frénétiques, et elle le savait très bien.

— Ne vous méprenez pas : je gouvernerai en roi, et vous serez ma reine, martela Ay.

Les poings posés sur les hanches, il contemplait cette jeune femme aussi entêtée que lui. Sa bedaine et son cou flétri accentuaient leur différence d'âge, si bien qu'il ressemblait davantage à son grand-père qu'à un homme capable de lui donner un héritier royal.

— C'est hors de question, protesta-t-elle, soudain prise de panique en le voyant s'approcher de plus en plus.

Ankhesenamon recula de quelques pas, essayant de gagner du temps. Comme par magie, Yuyé entra brusquement dans la pièce.

— Qu'y a-t-il? demanda la reine. Vous avez des nouvelles? Dites-moi.

Thèbes
Mars 1324 av. J.-C.

Ay éclata de rire.

— Oh, que oui, elle a des nouvelles. Vas-y, dis-lui ! Donne-lui ces merveilleuses nouvelles au sujet du prince hittite, venu de loin pour sauver la pauvre reine et devenir pharaon !

Ankhesenamon lui jeta un regard effaré.

— Vous saviez ?

— Bien sûr que je savais, la nargua-t-il avant de reporter son attention sur Yuyé. Votre dame d'honneur a été un espion fort efficace. S'il te plaît, Yuyé, informe notre souveraine de ce qu'elle se languit d'entendre.

La honte submergea le corps de la servante, incapable d'affronter le regard de la reine. Elle parla d'une voix monocorde.

— Les Hittites ont reçu votre missive, majesté. Leur roi a envoyé un de ses fils en Égypte pour vous épouser et servir comme roi à vos côtés.

— Et ? demanda Ankhesenamon.

— Et ce prince, du nom de Zannanza, a été accueilli à la frontière par le général Horemheb en personne. Ils ont eu une discussion. Après quoi, le prince et ses hommes ont été tués. Un messager est arrivé aujourd'hui avec ces nouvelles... et avec ceci.

Elle posa un sac de cuir sur la table. Ay avança et en vida le contenu par terre. La tête tranchée du prince heurta le carrelage dans un bruit sourd qui résonna dans la pièce.

Chancelante, Ankhesenamon fit un pas en arrière. Le souffle presque coupé, elle contempla la tête, avant de regarder le vizir.

Celui-ci ne lui témoignait désormais plus aucun respect, et se mit à la provoquer ouvertement.

— Vous êtes une traîtresse. Je contrôle les prêtres, je contrôle l'argent et je contrôle Horemheb, donc l'armée, assena-t-il. Faites le choix de la sagesse, majesté. Soit vous m'épousez et vous restez en vie, soit vous choisissez la mort, comme votre défunt mari.

Il se détourna et sortit crânement de la pièce, ses sandales claquant légèrement sur les pierres lisses du sol. Il emmena Yuyé avec lui, et, cette nuit-là, s'assura qu'elle ne lui causerait aucun problème en la faisant égorger. Après tout, si elle avait trahi la reine, elle était aussi susceptible de le trahir, lui. Et l'enjeu était décidément trop élevé pour pouvoir prendre un tel risque.

Thèbes
1324 av. J.-C.

L'anneau de mariage était de verre, verni de bleu. Il avait été commandé spécialement pour célébrer l'importante cérémonie qui s'annonçait. Les noms des nouveaux époux étaient gravés à l'intérieur de l'alliance : Ay et Ankhesenamon.

La reine glissa l'anneau autour de son doigt et fit semblant d'être comblée. La salle du banquet était remplie de convives, et la fête allait durer toute la nuit. On avait tué des buffles pour les faire rôtir sur des feux en plein air, et la bière coulait à flots. Ankhesenamon faisait de son mieux pour avoir l'air sereine. En tant que reine d'Égypte, et lors d'un tel événement, le moindre de ses gestes était observé et donnerait lieu à des interprétations – aimait-elle son nouveau mari ou non ? – de la part des plus illustres et influents citoyens présents.

D'où l'importance de porter cette bague, et d'arborer une apparence radieuse.

Elle était vêtue d'une robe blanche et d'un collier à motif floral. Un maquillage noir mettait en valeur ses beaux yeux bruns. Ay se tenait au centre de la salle en compagnie d'Horemheb, offrant une parfaite image du vieux et prospère pharaon qu'il était désormais. Il avait quarante printemps de plus que sa jeune épouse, et était déjà marié à une femme de son âge, fort possessive.

Chacun se demandait combien de temps Ay allait vivre. Et ensuite? Ankhesenamon serait-elle encore obligée d'épouser un nouveau pharaon? Qui cela pourrait-il alors bien être? Un étranger, peut-être?

Elle avait décidé que la seule solution était d'avoir un enfant d'Ay. C'était son unique moyen de se protéger.

Alors que la fête montait en intensité, Ankhesenamon se sentit soudain mal. Une vague de nausée l'envahit subitement. Quelques secondes plus tard, elle était à genoux, en train de vomir par terre. Des serviteurs accoururent pour soutenir leur souveraine. De l'autre côté de la pièce, où sa femme Tey l'avait rejoint, Ay regarda la scène mais ne vint pas en aide à la reine.

Leurs regards se croisèrent. Celui du nouveau pharaon était plein de vanité et de triomphe. Ankhesenamon lui décocha le plus noir des siens.

Elle voulut alors se redresser et écarta ses domestiques d'un geste de la main. Mais elle s'écroula de nouveau, et sa tête heurta le sol si violemment qu'elle perdit connaissance.

Le prince hittite était porteur d'un virus mortel, que la reine avait contracté. Telle était la version qu'Ay allait porter à la connaissance de tous.

Quelques jours plus tard, Ankhesenamon était morte. Se pliant à la volonté de sa première femme, Ay n'enterra pas la reine dans sa propre tombe, ni même dans celle de Toutankhamon.

Sa dépouille fut jetée dans le fleuve et livrée en pâture aux crocodiles.

Vallée des Rois
26 novembre 1922

Après une pause, Carter s'attaqua de nouveau à la cavité, essayant de l'élargir suffisamment pour pouvoir observer ce qui se trouvait de l'autre côté. Il était en sueur, essoufflé, et le bout de ses doigts jaunis par le tabac commençait à souffrir du frottement sur les pierres dentelées et le plâtre brut.

La jolie Lady Evelyn, son père, et Arthur Callender patientaient derrière lui. Plus haut dans le passage, une poignée d'ouvriers attendaient le moment où une grande découverte viendrait les récompenser financièrement de leurs efforts.

Une personne brillait par son absence : « la Truite », Rex Engelbach. L'homme qui avait pour mission d'être le premier à entrer officiellement dans une tombe avait tout simplement décampé, parti inspecter un autre site à plusieurs kilomètres de là. Carter était censé attendre son retour pour progresser plus avant, mais il n'en ferait rien.

Une fois que la cavité fut agrandie du plafond jusqu'au niveau des yeux, Carter alluma une bougie et l'approcha de l'ouverture, testant la qualité de l'atmosphère intérieure. La flamme vacilla tandis que l'air contenu depuis des siècles s'échappait de la chambre.

Lorsqu'elle se stabilisa, il glissa la bougie dans l'excavation et pressa son visage contre l'ouverture, sentant la poussière et le plâtre des temps anciens contre sa peau. Il tendit un bras à l'intérieur, y tenant fermement la bougie, et tenta de sonder l'obscurité.

« Au début, je ne voyais rien du tout, écrivit-il. Mais, petit à petit, mes yeux s'habituant à la flamme, quelques détails de la pièce émergèrent doucement du brouillard. D'étranges animaux, des statues et de l'or. Partout, l'éclat de l'or. Pendant cet instant – qui dut sembler une éternité pour ceux qui attendaient derrière moi –, je restai muet de stupéfaction. »

— Voyez-vous quelque chose? demanda Lord Carnarvon avec impatience, sa tête presque collée à celle de Carter.

— Oui, bredouilla Carter. Je vois des merveilles…

Vallée des Rois
26 novembre 1922

— Laissez-moi regarder, le pria Lord Carnarvon. À mon tour de voir. Allons, c'est mon tour, maintenant !

Manquant à la politesse, Carter l'ignora. Il avait attendu trop longtemps cet incroyable moment, qui s'annonçait encore plus incroyable que dans ses rêves les plus fous. Il avait enfin réussi ! *Des merveilles !*

Il tendit la bougie à Callender pour l'échanger contre une torche électrique. Époustouflé, il promena lentement son faisceau sur le contenu de la pièce. « Jamais chose aussi extraordinaire n'avait été vue à la lumière d'une lampe électrique dans toute l'histoire des fouilles archéologiques. »

Ce tombeau – ou cette cache – ne recelait pas simplement quelques belles pièces d'antiquité. Elle regorgeait littéralement d'or et de trésors inestimables.

Les yeux de Carter commençaient à distinguer des formes, et il se mit à répertorier mentalement ce qu'il voyait. Juste en face, « trois grandes banquettes dorées, leurs côtés sculptés en forme d'animaux monstrueux, curieusement atténués au niveau du corps pour que l'objet puisse remplir sa fonction, mais avec des têtes d'un réalisme saisissant ».

« Puis, à droite, écrirait-il plus tard, deux figures grandeur nature d'un roi en noir, se faisant face comme des sentinelles, avec pagne et sandales en or, armées d'une masse et d'un bâton, arborant le cobra sacré protecteur sur le front. »

Et tant de choses encore : des caisses richement décorées, des vases d'albâtre, des bouquets de fleurs et de feuilles d'or, et un trône de bois doré recouvert d'incrustations délicates.

Du sol au plafond, la pièce était remplie de meubles, de statues, de poteries, et de tout l'équipement appartenant à un Égyptien fortuné.

Alors que Carter tentait désespérément de poursuivre son investigation, une paire de mains sèches le tira soudain en arrière, « comme un bouchon d'une bouteille ».

C'était Carnarvon. Les pieds fermement ancrés au sol de pierre, et avec une force qu'on ne lui aurait pas devinée, il saisit Carter par les épaules et le poussa sur le côté. Sa santé étant loin d'être au beau fixe, l'effort le laissa quelque peu haletant.

Mais tout fut oublié dès l'instant où, arrachant la torche des mains de son égyptologue, il pressa son visage contre l'ouverture pour en scruter l'intérieur. Il en eut le souffle coupé à son tour.

Derrière Carnarvon, Carter s'était appuyé au mur et souriait béatement à Lady Evelyn, qui ne pouvait détacher ses yeux de lui : leur différence d'âge était comme rendue inexistante par l'incroyable découverte, et plus que tout par la passion de cet homme pour son travail. La jeune femme était une des principales « débutantes » d'Angleterre, destinée à une vie de richesse et de prestige. Howard Carter se trouvait beaucoup plus bas qu'elle sur l'échelle sociale. Pourtant, au fil de ses voyages en Égypte avec son père au cours de ces deux dernières années, leur attirance réciproque était devenue intense entre eux, et Lord Carnarvon avait dû se montrer vigilant à cet égard.

Or, en cet instant, il ne les regardait pas. Carter et Evelyn en profitèrent pour se dévorer des yeux dans ce couloir humide, bouillonnant tous deux de « l'excitation de la découverte » et luttant pour dissimuler leur émotion à Callender.

Visiblement estomaqué, Lord Carnarvon finit par se retourner, indiquant d'un geste que c'était à Evelyn de regarder à l'intérieur.

— Venez, venez voir, ma chère. C'est tout à fait stupéfiant !

Ce n'est qu'alors que le sang-froid professionnel de Carter reprit le dessus, lui soufflant cette question incontournable : s'il s'agissait bien d'une tombe… où se trouvait la momie ?

Vallée des Rois
26 novembre 1922

Malheureusement, il existait un obstacle majeur à la recherche de la momie.

Les termes de la concession de Lord Carnarvon pour faire des fouilles dans la vallée stipulaient que le découvreur d'une tombe avait le droit d'y pénétrer le premier. Néanmoins, comme Engelbach l'avait abondamment fait comprendre deux jours plus tôt, le Service des antiquités interprétait ces termes tout autrement.

Agissant sous les ordres de son chef – un Français nommé Pierre Lacau –, Engelbach exigeait dorénavant qu'un membre de son personnel fût sur place lors de toute ouverture de chambre funéraire. Pour qui contrevenait à cette directive, l'amende était des plus sévères. Carter et Carnarvon risqueraient d'y laisser une bonne partie de leur part du trésor. Après tant d'années de recherches, ils pourraient même se retrouver privés de tout bénéfice.

En quittant le site de Carter, Engelbach avait chargé son député égyptien, Ibrahim Effendi, de mener cette mission à bien en son absence. Mais au moment où Carter et son groupe avaient entrepris d'attaquer la seconde porte, Effendi était reparti à Louxor, attendant d'être appelé.

Carter et ses amis étaient maintenant en proie à un dilemme : prévenir Effendi, ou franchir la porte sans lui. Ils firent les deux.

Faisant jurer le plus grand secret à tout le monde présent dans le tunnel, y compris aux ouvriers égyptiens, Carter rédigea une rapide note informant le Service des antiquités de sa découverte. Il donna ensuite la lettre à l'un de ses hommes en lui ordonnant d'attendre la tombée de la nuit pour la délivrer.

Après quoi, il se focalisa de nouveau sur le mur, et en élargit davantage la cavité.

Il allait entrer pour trouver la momie.

Vallée des Rois
26 novembre 1922

Lady Evelyn, la plus menue du groupe, fut la première à se faufiler à l'intérieur, et se retrouva comme pétrifiée devant d'immenses vases fantomatiques en albâtre. Carter agrandit rapidement l'ouverture pour que Lord Carnarvon et Arthur Callender, plus corpulents, puissent à leur tour passer. Il pénétra ensuite dans ce qui serait plus tard connu comme l'antichambre.

La pièce était rectangulaire et ne mesurait guère plus de trois mètres et demi de large sur huit mètres de long. Les plafonds étaient si bas qu'on éprouvait immédiatement une sensation de claustrophobie, et les murs n'étaient pas peints, ce qui sembla étrange à Carter. Pourquoi diable cette chambre n'avait-elle pas été décorée convenablement ?

L'odeur qui y régnait n'était pas seulement celle de la poussière et du temps passé, mais aussi celle des parfums et de bois exotiques. « Cet air que tu respires est le même depuis des siècles », s'émerveilla Carter en lui-même.

Le groupe était désormais nerveux comme si l'endroit était hanté. À son grand étonnement, Carter se sentit soudain très impressionné par l'intemporalité du moment. Des empreintes de pas millénaires étaient visibles au sol, et un récipient contenant toujours le mortier utilisé pour ériger la porte gisait à terre. « La lampe noircie, la marque de doigts sur la surface fraîchement peinte, la guirlande d'adieu jetée sur le seuil… on avait l'impression que tout cela datait d'hier. »

Les quatre intrus des Temps modernes balayèrent la pièce du faisceau de leur lampe, laissant de côté tous les objets historiques pour saisir de leurs mains nues les reliques d'or.

Carter ouvrit un petit coffret peint d'une scène représentant un pharaon – Toutankhamon? – livrant bataille à ses ennemis. À l'intérieur, une paire de sandales anciennes et une robe festonnée de perles aux couleurs vives.

Lady Evelyn poussa un petit cri d'émerveillement en découvrant sur un trône d'or les images en lapis-lazuli d'un pharaon et de sa reine. Le couple semblait très amoureux, comme le démontrait le geste tendre de la reine envers son roi.

Aux yeux de Carter, c'était là « la plus belle chose jamais trouvée en Égypte ».

Le temps s'était arrêté. Dehors, la nuit était tombée. Les ouvriers et les derniers badauds étaient enfin rentrés chez eux. Dans l'antichambre, les quatre Occidentaux continuaient de s'émouvoir, découverte après découverte.

Pourtant, Carter n'était pas encore satisfait. Un grand mystère demeurait irrésolu. Il se mit à sonder les murs, guettant le moindre indice qui pourrait révéler l'existence d'autres salles.

Il finit par tomber sur un minuscule trou, dans lequel il projeta la lumière de sa lampe. De l'autre côté se trouvait une toute petite pièce, débordant également de trésors.

En l'absence de trace d'une momie, Carter résista à son impérieuse envie de faire tomber cette nouvelle paroi sur-le-champ.

Il poursuivit son enquête, parcourant de ses mains les surfaces lisses dans l'espoir d'y dénicher la trace d'une ouverture cachée. Et, enfin, il trouva ! Sur le mur de droite, deux statues surgirent de chaque côté d'un autre passage scellé.

Ces statues avaient l'air de sentinelles veillant sur l'ouverture depuis des siècles. « Nous étions alors au seuil ultime de notre découverte, écrirait-il, l'esprit enflammé par l'enchaînement des révélations. Derrière cette porte bien gardée, il y aurait d'autres salles, peut-être toute une succession, et dans l'une d'entre elles, sans l'ombre d'un doute, nous allions découvrir le pharaon, reposant dans toute la magnificence de sa panoplie mortuaire. »

Une fois encore, Carter fut en proie au dilemme quant à savoir s'il devait attendre avant de percer le mur.

Et, une fois encore, il choisit d'ignorer les possibles conséquences politiques et d'aller voir ce qui se trouvait de l'autre côté. Il espérait seulement que sa décision ne serait pas trop lourde de conséquences.

Ce qui allait pourtant être le cas.

Vallée des Rois
26 novembre 1922

Dans le coin inférieur droit de l'entrée cachée, Carter découvrit un trou de presque un mètre de hauteur qui avait visiblement été replâtré il y a fort longtemps. Un nouveau signe que des pilleurs de tombe l'avaient précédé dans les lieux.

Pour la troisième fois de la journée, il se mit à gratter l'ouvrage d'un ancien plâtrier-voleur, puis retira les pierres et dirigea la lumière de sa torche vers l'autre côté.

À première vue, rien de bien intéressant. Un étroit couloir, peut-être ?

Il se lança avant les autres, pieds en avant, pour atterrir maladroitement dans la pièce secrète. Il promena alors le faisceau de sa lampe le long des murs.

Il eut d'abord l'impression que la lumière lui jouait des tours, car une paroi semblait être plus basse que le plafond. Puis il réalisa que ce qu'il prenait pour un mur n'en était absolument pas un. Il se trouvait dans une incroyable chambre carrée, et non un étroit couloir.

Le mur apparemment bas qui l'avait induit en erreur était en réalité un grand cercueil en bois, décoré de faïence bleue et d'or.

Il venait de trouver la chambre funéraire.

Vallée des Rois
26 novembre 1922

Pendant que Lady Evelyn et Lord Carnarvon se dépêchaient de le rejoindre – Callender était trop corpulent pour pouvoir passer –, Carter examina le cercueil.

Face à lui se trouvaient deux imposantes portes de bois soigneusement fermées par un verrou d'ébène. Et il savait que plusieurs sarcophages, plus petits, se trouveraient à l'intérieur. Il faudrait démonter chacun d'eux pour pouvoir contempler le véritable écrin mortuaire du pharaon et la momie.

Le cœur de Carter s'emballa à cette pensée : il y avait bien une momie ici ! Aucun voleur n'aurait pu s'emparer du corps sans détruire les cercueils, et ceux-ci avaient tout l'air d'être en parfait état.

Avec l'aide de Carnarvon et mille précautions, Carter fit lentement glisser le verrou. Les portes tournèrent sur leurs charnières. Un voile de lin couvert de rosettes d'or recouvrait le cercueil suivant. Une rosette tomba par terre quand la porte s'ouvrit. Carter la glissa instinctivement dans sa poche.

Soulevant le voile, il découvrit une nouvelle preuve que la momie n'avait pas été dérangée dans son sommeil : sur le verrou du sarcophage suivant, contenant lui-même un autre cercueil, il y avait un sceau royal. Intact. C'était le cachet de la nécropole royale, figurant un chacal et neuf prisonniers. Ce qui signifiait que c'était bien un pharaon qui reposait là.

L'aurore pointait. Le groupe poursuivit quelque peu son exploration, mais se décida rapidement à rentrer. Les Carnarvon avaient besoin de repos. Ils n'étaient pas habitués à la chaleur et aux travaux physiques. Carter lui-même souhaitait une pause, même si un bref moment de répit lui suffirait.

Ils gravirent les marches, passant en quelques secondes de l'Antiquité à l'air frais du jour présent.

Les hommes de Carter montaient toujours la garde. Ils l'aidèrent à refermer le tombeau, et allaient rester à leur poste pour le protéger d'éventuels intrus.

Le plus grand jour de la vie d'Howard Carter venait de s'achever.

Vallée des Rois
1922

De retour chez lui, et alors que la nouvelle de sa découverte se répandait autour du monde par télégrammes et téléphone, Carter prit un moment pour réfléchir à ce qu'il venait de déterrer, et à ses conséquences.

Le spectre de la mort de Toutankhamon le hantait tandis qu'il regardait l'entrée de la vallée depuis les hauteurs de son domicile. Il tentait de déceler un sens à tout ce qui avait été trouvé dans la tombe – les bateaux à voile miniatures, les *ouchebtis*, les amulettes – et se demandait comment un jeune homme si plein de vie avait pu trouver la mort. Plus mystérieux encore : pourquoi cette tombe se situait-elle à cet emplacement ? Et où la reine avait-elle été enterrée ?

« Du point de vue politique, nous présumons que le règne et la vie du roi n'ont pas dû être faciles. Il se peut qu'il ait été l'objet d'obscures forces politiques œuvrant dans l'ombre de son trône. »

Carter ne pouvait s'empêcher de répertorier mentalement les objets de valeur qu'il avait dénichés. Il lista « un coffret de bois peint découvert dans la chambre, sa surface extérieure entièrement recouverte de gesso », décrivit des jarres à cosmétiques décorées « de taureaux, de lions, de chiens, de gazelles et de lièvres », et s'émut de certains « épisodes de la vie quotidienne du roi et de la reine ». Mais où pouvait bien être son cercueil, à elle?

Une peinture l'avait tout particulièrement frappé: elle représentait Toutankhamon accompagné d'un lionceau apprivoisé, en train de tirer sur des canards avec son arc et ses flèches, « la toute jeune reine à ses pieds ». Une autre scène du même genre montrait la reine offrant à Toutankhamon « libations, fleurs et colliers ». Une autre encore dépeignait le jeune pharaon occupé à parfumer le corps de sa reine dans un moment de repos après une longue journée. En y repensant, Carter ressentait combien tous deux étaient alors jeunes, et combien ils s'aimaient.

Si la quantité d'or et de bijoux trouvée dans le tombeau ne cessait de l'étonner, il était encore plus surpris par ce qui constituait un véritable arsenal.

Dans la pièce attenante à la chambre funéraire, celle dont les murs n'étaient pas peints et que Carter appelait « la chambre du trésor », ainsi que dans celle jouxtant l'antichambre, baptisée « l'annexe », il avait en effet découvert un stock d'armes considérable. Il y avait là treize arcs composites, trois arcs personnels, un carquois de lin et un autre de cuir robuste. On dénombra deux cent soixante-dix-huit flèches, dont de nombreuses à pointe de bronze. Une sacoche pour arcs sophistiquée, ornée de décors à la feuille d'or, complétait l'ensemble.

Le plus grand des arcs, de plus d'un mètre quatre-vingts de hauteur, indiquait que Toutankhamon possédait une force certaine. Il n'avait pas été un roi débonnaire; on pouvait notamment être sûr de son goût pour l'archerie, entre autres disciplines. Des bâtons de guerre, plusieurs boucliers, une cuirasse soigneusement façonnée pour épouser et protéger la poitrine et les épaules du pharaon, des épées, poignards, boomerangs et massues furent aussi retrouvés.

En ce sens, Toutankhamon ne tenait clairement pas de son père. « Le détenteur d'un tel arc pouvait aisément mettre à terre le plus vif des animaux et se défendre contre l'ennemi », nota Carter.

Dans un coin, égaré entre la pile d'arcs de chasse et de guerre, se trouvait celui que Toutankhamon avait dû utiliser quand il était enfant. Il mesurait quarante-cinq centimètres de hauteur, et son unique flèche en faisait tout juste quinze.

Carter se mit à réfléchir aux circonstances de la mort du pharaon, et en vint à la conclusion qu'elle n'avait peut-être pas été accidentelle. « Un sentiment de départ prématuré hante cette tombe. Le jeune roi, de toute évidence plein de vie et capable d'en jouir, est passé du soleil radieux des cieux d'Égypte aux ténèbres de cet incroyable monde souterrain alors qu'il n'était qu'un tout jeune homme – et qui sait dans quelles circonstances tragiques? »

Vallée des Rois
16 février 1923

L'heure était venue d'ouvrir la chambre funéraire.

Carter n'avait jamais avoué à Engelbach qu'il y était déjà entré. Le jour de l'ouverture officielle, il se devait donc de se montrer curieux de son contenu. Depuis que la nouvelle de la fabuleuse découverte s'était propagée dans le monde entier, la confusion la plus totale s'était abattue sur la ville de Louxor. Howard Carter était soudain devenu une célébrité, et un acteur majeur de l'Histoire.

Pis, une réelle discorde s'était installée entre les responsables égyptiens et les visiteurs étrangers, tous désireux de s'accaparer un morceau de la folie Toutankhamon.

« Les télégrammes arrivaient en masse de tous les coins du globe. Une ou deux semaines plus tard, les lettres suivirent en un déluge de correspondance qui n'a pas cessé depuis », écrivit Carter.

Au début, il s'agissait le plus souvent de messages de félicitations, puis des « offres d'assistance ; des requêtes de souvenirs – même quelques grains de sable provenant du dessus de la tombe seraient reçus avec gratitude ; de mirobolantes offres d'argent en échange des droits de copyright sur les motifs et coupes des costumes ; des conseils sur la préservation des antiquités ; et les meilleures méthodes pour apaiser les éléments et les esprits malins ».

Carter, attaché et habitué à la tranquillité et à l'introversion, se sentit complètement dépassé par les événements. Ni lui, ni ses détracteurs à Louxor n'auraient pu prévoir un tel déchaînement de passions.

« L'atmosphère au Winter Palace est complètement grotesque, nota l'égyptologue Arthur Mace, invité par son collègue pour célébrer la découverte. Personne ne parle d'autre chose que du tombeau, les journalistes grouillent partout, et l'on n'ose prononcer un mot sans scruter autour de soi pour s'assurer que personne ne vous écoute. Certains essaient de nuire aux relations entre Carnarvon et le Service des antiquités, et tout Louxor prend parti pour l'un ou pour l'autre. L'archéologie et le journalisme font déjà mauvais ménage, mais ajoutez-y la politique et cela devient totalement insupportable. »

Un problème aussi triste qu'inattendu pour Carter survint, causé par Carnarvon lui-même. Désireux de gagner autant d'argent que possible avec Toutankhamon, le Lord avait déjà signé un contrat exclusif avec le *Times* de Londres, lui accordant la publication de toutes les images de la découverte. L'arrangement déchaîna la colère non seulement des journaux et magazines égyptiens, mais du monde entier, chacun réclamant sa part de la plus grande découverte du siècle.

Pis encore, le Service des antiquités et le gouvernement égyptien commencèrent à tenter de prendre le contrôle du site. Cette lutte allait empoisonner la vie de Carter pendant des années.

Une dernière difficulté se posa enfin avec Lady Evelyn. Carnarvon était de plus en plus soupçonneux d'une relation entre Carter et sa fille, ce qui aviva les tensions entre les deux hommes. Combiné à la récente notoriété de Carter, cet élément contribua à éloigner les deux partenaires de longue date.

En dépit de tous ces écueils, les deux hommes étaient maintenant présents dans la Vallée des Rois tandis que les politiciens et autres bureaucrates égyptiens et britanniques s'agglutinaient autour de l'entrée de la tombe. « Après le déjeuner, nous avions rendez-vous avec Lacau, Engelbach, Lythgoe, Winlock et deux ou trois officiels locaux, pour une petite fête dans la tombe », relata l'égyptologue Mace.

C'est Carter qui guida le groupe des notables à l'intérieur. Les statues de l'antichambre avaient été poussées contre les murs afin qu'un coup de coude ou de hanche hasardeux ne les renversât pas.

Une plateforme avait été dressée le long du mur qui séparait la chambre funéraire du reste du tombeau. D'une certaine manière, elle faisait office de scène, et Howard Carter était la star du jour.

Il monta sur l'estrade, ajusta sa veste et sa chemise, plaça une lame de burin contre le mur, et, à grands coups de marteau, commença à le faire tomber. Arthur Mace se tenait à ses côtés, se saisissant des blocs de pierre que Carter lui tendait après les avoir extraits. Il les passait ensuite à Callender, qui les passait à son tour à une chaîne d'ouvriers égyptiens jusqu'à la sortie de la tombe.

Lentement, la cavité s'agrandissait. Au bout de deux heures, Carter était « sale, hirsute et dégoulinant de sueur »... et jouait son rôle à la perfection.

Il se glissa enfin à l'intérieur, et fit signe aux autres de le suivre. Les jarres d'albâtre, le vase canope aux quatre silhouettes de déesses gardiennes et le linceul étincelant étaient désormais bien visibles.

L'effet sur les témoins fut profond : le souffle coupé, ils levèrent les mains au ciel, époustouflés par le spectacle qui s'offrait à eux. « Quiconque serait alors entré dans cette pièce aurait juré que nous avions trop bu », ironisa Mace.

Carter, quant à lui, se tenait en retrait et observait. Il était épuisé, à la fois par le travail physique pour faire tomber cette porte, mais surtout par des semaines de tension avec Carnarvon et la presse. Il projetait secrètement de resceller la tombe et de s'enfermer dans sa maison pour une semaine de calme et de solitude.

Lorsque la visite de la chambre funéraire de Toutankhamon fut achevée, Carnarvon et Carter prirent congé. Ce dernier se préparait à réaliser l'inventaire du contenu de la tombe, tâche immense qui allait durer des années, mais qu'il avait hâte d'entreprendre. Il croyait fermement que ce serait l'accomplissement de toute une vie de travail.

Les deux hommes réglèrent bon nombre de leurs désaccords avant que le Lord ne parte, le 23 février. Six semaines plus tard, il était mort. La cause en fut attribuée à une septicémie, occasionnée par une coupure de rasoir sur une piqûre de moustique.

Carter se retrouva donc seul pour affronter les politiques et bureaucrates égyptiens. C'était plus qu'il n'en était capable. Moins d'un an plus tard, il fut écarté de la vallée et du tombeau de Toutankhamon.

Une dernière fois, il était victime de son caractère et de son entêtement.

Le Caire
1931

L'anneau de verre bleu et verni, fabriqué spécialement pour un mariage, avait encore toute sa beauté. Dans sa face intérieure, on pouvait lire les noms des jeunes mariés : Ay et Ankhesenamon.

Ironie du sort, c'était Percy Newberry, alors âgé de soixante-deux ans dont quarante passés en Égypte, qui le faisait tourner entre ses doigts. Il se trouvait au Caire, au légendaire magasin de souvenirs de l'Anglais Robert Blanchard.

Plutôt que de vulgaires copies des reliques des sépultures égyptiennes, Blanchard vendait des pièces authentiques, achetées, bien entendu, directement aux pilleurs de tombes. Les touristes européens constituaient le gros de sa clientèle, mais les égyptologues s'arrêtaient aussi parfois pour voir si une nouvelle curiosité avait atterri sur le marché – signe incontestable que des tombes avaient été mises à sac quelque part.

Percy possédait déjà une impressionnante collection d'amulettes et farfouillait dans les bacs d'étalage en quête d'un nouveau trésor à y ajouter. Il était tombé sur l'anneau par hasard, mais avait immédiatement discerné sa valeur et sa signification.

Relisant attentivement l'inscription élaborée qui y était gravée, il eut un sourire satisfait. L'anneau qu'il tenait dans sa main était la clé d'un des mystères qui agitaient Howard Carter depuis la découverte de la tombe de Toutankhamon. Qu'était-il advenu de la jeune et belle reine du défunt pharaon?

On n'avait trouvé aucune mention d'Ankhesenamon ou d'une autre épouse sur les murs de la tombe du pharaon. Et celle d'Ay, qui lui était initialement destinée, comportait, elle, une peinture de sa première épouse, sans indication sur le fait qu'il en ait eu une seconde.

— Où avez-vous déniché ceci? demanda Percy, en essayant de dissimuler son enthousiasme pour que Blanchard ne fasse pas grimper le prix de l'article.

— À l'est du delta, répondit l'homme avec un mouvement d'épaules légèrement dédaigneux.

Percy veilla à ne pas manifester son étonnement. Comment cette bague avait-elle fait le chemin de Thèbes au Caire, en passant par le delta du Nil? C'était étrange. Mais tant de choses avaient pu se produire en trois mille ans.

Il s'apprêtait à payer lorsqu'il s'aperçut qu'il avait oublié son portefeuille. Sortant son carnet de notes, il recopia scrupuleusement l'inscription de l'alliance, reposa l'anneau dans le bac et courut à son hôtel, espérant revenir au plus vite pour conclure l'achat.

Avant quoi, il rédigea une courte note à son vieil ami, revenu en Angleterre. « Mon cher Carter, je viens de tomber sur une bague chez Blanchard, qui porte le cartouche d'Ankhesenamon accolé au symbole du roi Ay. Cela ne peut signifier qu'une chose: Ay a épousé la veuve de Toutankhamon. »

Percy posta la lettre et se rua chez Blanchard pour acheter l'anneau.

Trop tard. Il venait d'être vendu.

Vallée des Rois
1319 av. J.-C.

Le général Horemheb était en deuil. Son ami et allié, Ay, était mort. Les deux hommes se connaissaient depuis leur jeunesse. Lorsque Ay fut confiné dans le tombeau autrefois prévu pour Toutankhamon, une vague de profonde tristesse envahit son cœur. La cicatrice sur son visage devint rouge, accentuant davantage encore son expression de souffrance.

— Comme c'est curieux, murmura Horemheb. Je suis capable d'enfoncer mon couteau dans le cœur d'un homme et de le pleurer à la fois.

Il contempla la foule recueillie autour du tombeau d'Ay, situé dans un lieu méconnu assez distant de la Vallée des Rois, et échangea des regards avec quelques vieux amis.

Horemheb comprenait pourquoi Ay avait voulu être inhumé ici. L'emplacement était bien caché et loin de tout, ce qui pourrait lui épargner d'être dévalisé par les pillards. Mais il maudissait aussi son compère d'avoir choisi un lieu aussi éloigné de Thèbes. Le soleil se couchait déjà, et il faudrait deux bonnes heures de route dans la nuit pour rejoindre la ville.

Malgré tout, il ne put s'empêcher de sourire. Beaucoup de gens auraient payé cher pour avoir ces petits problèmes, car, au bout du chemin, ce n'était ni sa maison ni un baraquement militaire qu'il allait retrouver : il allait faire une entrée triomphale au palais. Car le général Horemheb était désormais pharaon.

Tandis que les domestiques débarrassaient la vaisselle du dernier banquet, il emprunta le chemin rocailleux qui menait aux écuries, suivi d'un long cortège funèbre. Parmi les voix qui s'en échappaient, il reconnut des accents de Memphis et d'Alexandrie. Les grands prêtres menaient la procession.

En dépit de la mort d'Ay, l'ambiance était festive. Peut-être à cause de l'abondance de vin – ou peut-être parce que le défunt n'était guère apprécié. Quoi qu'il en soit, Horemheb espérait que ses propres funérailles seraient aussi grandioses, et célébrées par des officiants venus de toute l'Égypte. Il adorait les belles fêtes.

Le soleil lui tombait droit dans les yeux, mais allait bientôt se cacher derrière le haut plateau de roche qui encerclait la vallée. Il mit sa main en visière pour scruter le lointain et perçut le hennissement des chevaux qu'on préparait à l'attelage du char. Le général se sentait d'humeur à faire claquer les rênes sur les flancs de ses montures pour qu'elles atteignent Thèbes en un temps record.

Quel genre de pharaon seras-tu ? se demandait-il. *Magnifique. Comme Aménophis III. Oui, je serai magnifique. Attachons ce mot à mon nom.*

Horemheb comprit alors instantanément qu'il lui fallait repartir de zéro. Pour commencer, il décida de raser Amarna, la cité érigée par Akhenaton.

La ville entière.

Anéantie.

Totalement.

Ensuite, afin qu'on ne trouve point les noms de Toutankhamon ou d'Ay gravés sur les murs des temples, il les ferait effacer à coups de burin. Et c'est son nom à lui qui prendrait leur place.

Ses hommes parcourraient le pays en tous sens, pendant des années s'il le fallait, mais les noms des prédécesseurs d'Horemheb seraient oblitérés. Ce Toutankhamon moisirait dans sa tombe sans que ses décrets aient été appliqués, sans que ses ordres aient été accomplis. Ce serait comme si ce pharaon et sa jolie petite femme n'avaient jamais existé.

Perdu dans ses pensées, il s'empara des rênes de son char. Maintenant qu'il était pharaon, toute une escorte de gardes du corps l'accompagnait. Mais il ne les voyait même pas. Fouettant ses chevaux pour mieux foncer sur la route poussiéreuse qui le ramènerait à Thèbes, Horemheb était tout entier à son plan d'effacer le passé.

Plan qui allait fonctionner pendant plus de trois mille ans.

Palm Beach
Époque actuelle

J'étais assis dans mon bureau avec vue sur le lac Worth et ses belles demeures de l'autre côté, mais mon esprit était perdu dans le désert. Lorsque j'écris un brouillon ou un livre, il m'arrive de griffonner les mots « sois présent » en haut d'une page, afin de me rappeler de rendre chaque chapitre vivant pour le lecteur, de me replacer dans la scène. À ce stade, je savais que cette histoire était au moins très vivante dans mon imagination. Et rien n'était plus stupéfiant que ce qui était arrivé au pauvre Toutankhamon en 1925, deux ans après la découverte de son tombeau. Je pouvais à peine y croire moi-même.

Il est évident qu'aucune investigation n'aurait été possible sans Howard Carter. Il lui avait fallu des années pour extraire les vestiges de Toutankhamon de la chambre funéraire. Tout commença le jour où le mur séparant la chambre de l'antichambre fut abattu. Des journalistes avides de nouvelles attendaient à l'extérieur. Au sein de la communauté des égyptologues, les plus sceptiques pensaient encore que Carter n'avait rien découvert d'autre qu'un cabinet assez élaboré. Sans la moindre présence d'une momie.

Pauvre Carter ! La partie ne fut décidément pas des plus simples pour lui.

Une fois que ses hommes furent parvenus à s'immiscer dans les joints du bois, puis à écarter les panneaux protecteurs, il eut la surprise de tomber sur un autre cercueil, plus petit. Celui-ci dut à son tour être démonté, pièce par pièce.

Mais un autre se trouvait à l'intérieur. Puis un autre encore.

Au total, quatre cercueils étaient emboîtés les uns dans les autres, telles des poupées russes.

Carter arriva enfin à l'ultime sarcophage. Il constata que son couvercle de granit rose était abîmé au centre, comme si quelqu'un l'avait frappé avec un genre de marteau ou de massue de pierre. Qui avait bien pu commettre un tel geste, et pour quelle raison?

Au moins Carter était-il certain d'avoir trouvé Toutankhamon. Un à un, les cercueils furent donc ouverts. Mais la politique s'en mêla. Carnarvon mourut mystérieusement. Et les Égyptiens expulsèrent Carter pendant toute une année.

Il put cependant revenir en octobre 1925 et ouvrir le dernier cercueil en or. Quand on la découvrit, la momie de Toutankhamon était recouverte d'une résine noire qui continuait de préserver son mystère.

Ce qui se produisit ensuite fut aussi choquant que le reste de l'histoire.

Le Dr Douglas Derry du Caire fut appelé pour examiner le corps. En tant que professeur d'anatomie, il semblait plus compétent que Carter pour cette tâche. Ce fut discutable. En effet, Toutankhamon étant coincé à l'intérieur de l'étroit réceptacle, Derry fit un choix pour le moins extrême. Il commença par tenter de l'extirper de là avec des ciseaux. Il utilisa ensuite des couteaux chauffés à blanc pour faire fondre la résine… avant de pratiquer l'impensable: il coupa en deux le corps de Toutankhamon à l'aide d'une scie.

Thèbes
1324 av. J.-C.

Le soldat Abdoul se glissa dans la chambre de Toutankhamon sur la pointe des pieds. Il s'était caché derrière une statue quand la reine avait quitté son mari souffrant, juste au bon moment. Il savait qu'il n'avait que quelques minutes pour perpétrer son méfait et s'enfuir du palais, puis de Thèbes.

Semblable à un enfant, le pharaon était couché sur son lit, arborant une expression d'innocence et de vulnérabilité. Un éclair de remords traversa l'esprit du soldat, mais cette émotion céda rapidement la place à la sinistre résolution qu'il avait prise : ce qu'il allait faire était pour le bien de l'Égypte. Le général lui avait promis de l'argent et une promotion. Le vizir royal avait ajouté une parcelle de terre ainsi que du bétail à leur arrangement.

De nouveau rempli d'assurance, l'assassin avança vers le lit du pharaon. Il campa ses pieds au sol à un peu plus d'une largeur d'épaules d'écartement. Stable, bien enraciné, il se saisit de la massue à deux mains et la leva au-dessus de sa tête. Il n'était pas très grand, mais avait une bonne carrure.

Cela pouvait-il être aussi facile de tuer un pharaon? Il s'attendait à chaque instant à ce qu'un garde caché lui tombe dessus, ou à ce que Toutankhamon se dresse, et, le prenant sur le fait, ordonne aussitôt son exécution.

Le soldat sentait la douceur de l'ébène au creux de sa main, et la justesse du poids de la pierre pour ce qu'il devait en faire. Pas trop légère, pour ne pas rebondir sur le crâne du roi. Et pas trop lourde, pour ne pas le déstabiliser lors de son geste.

Il sursauta soudain en entendant le pharaon murmurer dans son sommeil : « Mère... » Abdoul reposa son arme. Il ne serait pas correct de tuer le pharaon de cette façon. Il plaça alors fermement ses mains de chaque côté de la trachée de Toutankhamon et serra de toutes ses forces.

Les yeux du pharaon s'ouvrirent. Il tenta de se débattre, mais il était trop faible. L'instant d'après, il était mort.

Le soldat reprit sa massue et quitta la pièce aussi silencieusement qu'il y était entré. Cette même nuit, l'homme qui venait de tuer Toutankhamon périt à son tour, égorgé.

Palm Beach
Époque actuelle

Ce sont les peintures à l'intérieur du tombeau qui firent la lumière sur l'histoire et aidèrent à résoudre le mystère de ce meurtre.

Sur les murs de la tombe de Toutankhamon sont peintes des images d'Ay réalisées de telle sorte qu'il regarde de haut toute personne se trouvant dans la pièce. Il est représenté en train d'exécuter la cérémonie de l'ouverture de la bouche, et portant une couronne royale. Cette tâche incombait au nouveau monarque. Non seulement il l'a donc effectuée, mais il fut nommé pharaon suffisamment vite après le décès de Toutankhamon pour pouvoir commander aux artisans d'inclure son portrait aux murs du tombeau.

Ironie du destin : les deux hommes, ennemis mortels au cours de leur existence, étaient désormais unis pour l'éternité dans cette chambre humide et froide. Toutankhamon n'avait plus aucun moyen d'échapper à son bourreau.

Mes recherches révélèrent des peintures similaires sur les murs du tombeau d'Ay. Comme pour la chambre funéraire de Toutankhamon, on y voyait en ocre et jaune l'image de douze babouins gardiens, symbolisant les douze heures de la nuit. Une autre montrait Ay en train de chasser dans les marécages.

Après la mort de Toutankhamon, son successeur avait supervisé lui-même la réalisation des fresques de sa propre sépulture, comme il l'avait fait pour celle du jeune pharaon. Fait important, et très inhabituel : Ay ne fit pas représenter Ankhesenamon sur les murs du tombeau de son mari. Elle était pourtant la bien-aimée de son prédécesseur, et son unique épouse. Mais le nouveau pharaon la voulait pour lui tout seul. Son plan était clairement de faire d'elle sa reine, comme si Toutankhamon n'avait jamais existé.

Alors… Qui était responsable du crime ? Qui avait conspiré pour tuer Toutankhamon, et pourquoi ?

La réponse, c'est qu'ils l'avaient *tous* tué. Souvenez-vous : c'est la reine qui a officié en tant que pharaon juste après la mort de Toutankhamon. Selon toute évidence, elle était avide de pouvoir – pour preuve, sa tentative de mariage avec le prince hittite. C'était une forme désespérée de trahison. Et dans quel but ? Pouvoir gouverner l'Égypte.

Tous trois – Ankhesenamon, Ay et Horemheb – succédèrent à Toutankhamon sur le trône. Ay piégea Ankhesenamon en faisant assassiner le prince hittite. Avançant en âge, il savait que c'était sa dernière chance d'accéder aux plus hautes responsabilités. Après avoir tué le Hittite, il fit de même avec la reine. Auparavant, celle-ci, bien que tourmentée par ce choix, avait donné son accord pour le meurtre de Toutankhamon, à ses yeux inéluctable. Elle avait cru qu'en épousant un prince étranger elle pourrait donner un héritier au trône, et continuer de l'occuper en attendant ce jour.

Mais elle ne se doutait pas qu'elle serait doublée par Ay, et finirait elle-même assassinée.

Tout comme Ay ignorait qu'il mourrait de la main de son allié le général Horemheb, qui lui succéderait alors comme pharaon.

Toutankhamon fut donc victime de la conspiration des trois personnes dont il était proche : Ay, Horemheb et Ankhesenamon.

Des centaines de milliers de gens ont visité l'exposition qui lui est consacrée, des millions pensent connaître son histoire, mais peu comprennent quelle fut réellement la tragédie de l'enfant-roi.

Affaire classée.

Aujourd'hui, la momie de Toutankhamon repose sur une simple planche de bois que Carter avait taillée pour lui. Au fil des années, les investigations ont révélé que sa cheville droite avait été cassée, et peut-être plâtrée. Qu'il n'avait plus de rotule gauche. Qu'il avait subi une fracture sévère à la jambe droite, susceptible d'avoir provoqué une infection. Et qu'il avait même souffert d'une dent de sagesse incluse.

Mais Toutankhamon a bien été assassiné.

Londres
6 mars 1939

Howard Carter mourut dans l'isolement. Seule une nièce, qui héritera des trésors récoltés après trente saisons de fouilles dans la Vallée des Rois, l'accompagna durant ses derniers moments de vie.

Quatre jours s'écoulèrent entre sa mort et ses funérailles, délai suffisant pour que le *Times* dresse l'éloge funèbre du « grand égyptologue [...] qui gagna la célébrité pour son action dans l'un des épisodes les plus excitants et les plus mémorables des annales de l'archéologie ».

Alors que le ciel s'apprêtait à répandre une petite neige fondue sur le sud de Londres, Carter fut mené à sa dernière demeure.

Les éloges publiés dans le *Times* constituaient un rare privilège, habituellement réservé aux célébrités, aux plus riches, aux excentriques ou aux personnes les plus accomplies.

Carter avait été tout cela. Mais le parfum romantique de cet éloge, rédigé par son ami Percy Newberry, passait sous silence le fait que la renommée de Carter avait décliné depuis longtemps et que Percy était son seul véritable ami. D'ailleurs, le manque de soin et l'apathie visibles aux obsèques furent plutôt consternants. Il n'y avait qu'une poignée de proches autour de sa tombe. La date de naissance gravée sur sa pierre tombale était erronée d'une année. Plus triste encore, il fut enterré dans un simple trou dans le sol.

Ces adieux semblaient fort peu appropriés au départ d'un homme ayant consacré sa vie à explorer les sépultures élaborées des pharaons. Une chose tout de même vint redorer quelque peu la situation.

Des années après avoir mis un terme à leur relation, l'unique amour de Carter vint honorer sa tombe de sa présence. Evelyn Carnarvon était une petite femme, richement vêtue, coiffée d'un large chapeau noir. Son père avait été furieux envers Carter quand il avait appris la romance clandestine. Et quand Lord Carnarvon était subitement passé de vie à trépas, quelques mois seulement après la découverte de Toutankhamon, elle avait fait « ce qu'il fallait »: Lady Evelyn, fille du cinquième comte de Carnarvon, avait délaissé Carter pour trouver un compagnon socialement et financièrement plus compatible. Ils s'étaient mariés peu de temps après l'ouverture au public du tombeau de Toutankhamon.

Les pieds dans l'herbe verte du printemps, Lady Evelyn contemplait maintenant un cercueil sans prétention et un simple trou dans la terre, tout comme elle avait autrefois contemplé des sites funéraires avec Carter à son côté. Quelle que soit la distance qui s'était installée entre eux depuis, elle ne pouvait nier le fait que, par un matin béni de novembre, dix-sept ans auparavant, ils avaient été les premières personnes depuis trois mille ans à découvrir l'intérieur du tombeau d'un enfant-pharaon nommé Toutankhamon.

Ils avaient fait l'histoire ensemble, et été célébrés partout dans le monde pour cela.

« Je vois des merveilles », avait murmuré Carter, le souffle coupé, après son premier coup d'œil dans la chambre.

Désormais, son souffle ne circulait plus.

Le vicaire de Putney referma son livre de prières et l'on descendit le cercueil dans sa tombe. Lady Evelyn jeta une poignée de terre sur son couvercle, et marcha doucement vers l'allée de gravier où l'attendait sa voiture avec chauffeur.

Carter mourut d'un lymphome de Hodgkin à l'âge de soixante-quatre ans. Toutankhamon, lui, périt à dix-huit ans, et les causes de sa mort ne cessèrent d'intriguer l'égyptologue, jusqu'à la fin. Ce mystère préoccupa également longtemps Lady Evelyn, comme une importante pièce manquante au puzzle de l'existence du pharaon.

Dans une tombe moins noble, Carter avait dorénavant trouvé le repos… en espérant que plus rien ne viendrait le troubler.

Vallée des Rois
1300-500 av. J.-C.

Le mystère de Toutankhamon, surnommé l'enfant-roi, s'enfonça doucement pour disparaître au fil des tempêtes de sable et des déluges.

Les vents du désert charrièrent des tonnes de sable dans la Vallée des Rois, obligeant les pilleurs de tombes à quitter leurs grottes pour se réfugier dans de véritables habitations. La porte menant à la chambre funéraire de Toutankhamon était scellée, et n'avait pas été attaquée depuis des centaines d'années.

Le sable emplissant progressivement les marches qui menaient à son entrée, d'abord les plus basses, puis toutes les autres, la porte bénéficia peu à peu d'une protection parfaite. Elle était maintenant enfouie sous la roche et le sable, invisible aux yeux du monde.

La pluie ne tombait pas fréquemment sur la vallée, mais quand cela arrivait, l'eau déferlait avec une telle intensité que d'importants glissements de terrain survenaient alors.

L'eau transformait le sable et le calcaire en une sorte de ciment naturel, si bien que tout ce qui reposait sous la surface se retrouvait piégé dans une dure croûte rocheuse. C'est ainsi que furent recouvertes les dernières marches de la tombe de Toutankhamon.

Bientôt, ce fut comme si elles n'avaient jamais existé.

Chaque nouvelle tempête de sable, chaque averse torrentielle ajoutait une nouvelle couche, jusqu'à ce que les marches du tombeau se situent à presque deux mètres sous la surface. L'emplacement du site funéraire ne fut pas seulement oblitéré, mais bel et bien oublié.

Ainsi reposait Toutankhamon, l'enfant-roi. Les murs qui l'entouraient étaient robustes et ne cédèrent pas sous le nouveau poids qu'ils supportaient.

Ses trésors non plus n'eurent pas à souffrir des pluies ou de l'humidité. Au contraire, ils ne s'en trouvèrent que mieux protégés par l'œuvre du temps.

Pendant d'innombrables années, Toutankhamon demeura seul en ces lieux, comme s'il attendait patiemment qu'un explorateur remue enfin toute cette terre et tout ce calcaire pour venir à lui.

Et, peut-être, exhumer alors les secrets de toute une vie et d'une mort prématurée.

DU MÊME AUTEUR
CHEZ LE MÊME ÉDITEUR

BONS BAISERS DU TUEUR

Ils parcourent l'Europe,

Paris, Madrid, Berlin… Autant de villes magnifiques à visiter. Pour la plupart des gens, s'entend. Pas pour Jacob Kanon. Inspecteur au NYPD, il traque les meurtriers de sa fille, exécutée à Rome avec son *boyfriend.*

sèment les cadavres,

D'autres couples de touristes ont subi le même sort à travers l'Europe. Avant chaque meurtre, une carte postale annonçant le crime est envoyée à un journaliste, qui reçoit ensuite un Polaroid des corps baignant dans leur sang. Chaque fois mis en scène de façon artistique.

et narguent les autorités…

À Stockholm, Kanon fait la connaissance de Dessie Larsson, qui vient justement de recevoir une carte postale. Grâce à elle, Kanon participe à l'enquête, bien décidé à stopper ces messagers de la mort…

« Les thrillers de Patterson sont des machines redoutables : extrêmement bien huilées et impossibles à arrêter ! »
Publishers Weekly

ISBN 978-2-8098-0420-1 / H 50-7946-2 / 320 pages / 22 €

Cet ouvrage a été composé
par Atlant'Communication
au Bernard (Vendée)

Achevé d'imprimer sur Roto-Page
par l'Imprimerie Floch à Mayenne
en mars 2011
pour le compte des Éditions de l'Archipel
département éditorial
de la S.A.S. Écriture-Communication

Imprimé en France
N° d'impression : 79319
Dépôt légal : avril 2011